André Daigle

Change tes pensées

motivation

Éditions Dédicaces

CHANGE TES PENSÉES
par ANDRÉ DAIGLE

Dépôt légal :
Bibliothèque et Archives Canada
Bibliothèque et Archives nationales du Québec

Un exemplaire de cet ouvrage a été remis
à la Bibliothèque d'Alexandrie, en Egypte

ÉDITIONS DÉDICACES INC
675, rue Frédéric Chopin
Montréal (Québec) H1L 6S9
Canada

www.dedicaces.ca | www.dedicaces.info
Courriel : info@dedicaces.ca

© Copyright — tous droits réservés – Éditions Dédicaces inc.
Toute reproduction, distribution et vente interdites
sans autorisation de l'auteur et de l'éditeur.

André Daigle

Change tes pensées

Si tu es continuellement aux prises avec
des problèmes, avec la maladie, pendant que
d'autres vivent chanceux et en santé, alors...

Change tes Pensées !

Toi aussi, tu peux attirer la chance et la santé;
tu n'as qu'à mettre la Pensée Positive dans ta vie !
Les Américains l'appellent le « Positive Thinking » !

Bouddha lui-même a déclaré que tout ce que nous sommes est le résultat de ce que nous avons pensé.

Le psychologue William James a aussi admis que la plus grande découverte de notre génération a été de s'apercevoir que l'être humain peut changer sa vie en modifiant sa façon de penser.

André Daigle, B.A., B.P., L.P.L., (U. de M.)

Issu d'une famille plutôt modeste, il parvint malgré tout à faire des études universitaires en Science de l'Éducation, en Littérature et en Psychologie. Après douze années d'enseignement chez les jeunes, il choisira alors de s'impliquer auprès d'adultes en recherche de motivation et de mieux-être. Cela dura 30 ans !

Aujourd'hui à la retraite, il nous fait part d'une façon positive de penser, qu'il nous invite à pratiquer continuellement, si nous voulons déjouer les difficultés du quotidien, et attirer à la place, les nombreux cadeaux de la vie, comme la chance et la santé !

D'où ce petit livre, qui vise à donner le goût de la confiance chez tous; même chez certaines personnes démotivées, inquiètes, trop accrochées à la morosité quotidienne.

À l'aide d'une petite biographie, l'auteur démontre qu'une vie presque banale, n'empêche personne d'atteindre ses buts.

Il nous parle ensuite de l'attitude positive, de l'importance du don de soi, du fait de savoir ce que l'on veut et de le vouloir. Il nous explique abondamment le pouvoir de la pensée, l'usage du cinéma mental et de l'autosuggestion. Il fait même, un petit tour de reconnaissance dans le monde psychosomatique pour nous faire comprendre l'étrange interdépendance entre l'esprit et le corps humain. Le tout dans un style à mi-chemin entre le conférencier et le raconteur.

Finalement, à tous ceux qui pensent que vivre « c'est l'enfer ! », ou qui se croient « nés pour l'insuccès, pour la misère », il leur dit: « Foutaise ! C'est dans la tête que ça se passe ! »

Préface

Que nous suivions tous les cours inimaginables – *Connaissance de Soi, Croissance Personnelle, Relations Humaines, Thérapies de toutes sortes* – que nous lisions tous les livres de *Pensée Positive* et tous les *Secrets,* si nous nous laissons habiter par nos craintes, par nos doutes, par nos souffrances inutiles, nous attirerons les problèmes, la maladie, les malheurs !

Très nombreux sont ceux qui ont connu, dès leur petite enfance, une approche négative face à la vie: *'Fais pas ça ! Pas touche !'* Plus tard, la télévision et les journaux, ont ajouté à cette triste situation en montrant sans cesse la morosité et toutes les misères du monde. Nous n'avons donc pas à être surpris de constater comment ce fut presque normal pour beaucoup de gens, rendus adultes, de vouloir généraliser et de croire que vivre, *c'est épouvantable.*

C'est là qu'il nous faut intervenir ! Moi, je dis, qu'un gars *très ordinaire,* qui par surcroît aurait rencontré des tas d'obstacles dans sa vie, ne serait pas pour autant foutu, comme on dit. Même s'il est natif d'un village reculé, presque inconnu, je suis certain que son destin dépendra davantage de *son attitude et de sa façon de penser.*

C'est un peu l'histoire que je veux vous raconter dans la *première partie* de ce petit livre. L'histoire du gars qui ne se posait pas de questions ! Le gars qui faisait face à tout, avec une *tranquille assurance.*

Oui, il y a de la morosité dans l'air. On peut pleurer toute une vie, se justifier, accuser tout le monde, ou mieux, s'efforcer de développer un état de confiance; celle qui nous amène à croire en nous, celle qui nous amène à croire en la vie.

Tous nous connaissons des difficultés, tous nous vivons des situations qui nous semblent insurmontables, tous nous avons le choix de nous apitoyer sur nos malheurs ou de sortir une fois pour toutes de nos fauteuils de miséreux.

***Quand est-ce que quelque chose de beau,
de grand, de merveilleux va nous arriver ?***

Le jour où nous y croirons; le jour où nous changerons nos vieux logiciels négatifs pour de nouveaux remplis de confiance ! Non pas celle qui nous fait parader devant les gens, mais bien celle qui nous fait dormir à poings fermés, sachant que demain quelque chose de beau nous attend !

C'est surtout de cette façon étonnante de penser dont il sera question dans la *deuxième partie* du bouquin. Vous verrez comment ce gars ordinaire en est arrivé, grâce à la *Pensée Positive*, à pratiquer une manière *peu* ordinaire de voir son destin; ce qui lui permet, encore aujourd'hui à un âge avancé, *de toujours profiter de la santé, de la bonne fortune et de tous les autres cadeaux de la vie.*

Un peu à la manière du Dalaï-lama, il a su contempler la fleur de lotus à la surface de l'eau et non la vase au fond de l'étang !

Première Partie

> Quelques anecdotes tirées de la vie du gars bien ordinaire qui finit par bien s'en sortir. Toute sa vie, en dépit de plusieurs difficultés, il sut se sentir toujours privilégié.

C'était il y a très longtemps

Je venais tout juste de terminer mes études universitaires, quand les Jésuites anglais du réputé *Collège Loyola* m'offrirent comme tout premier travail, d'enseigner chez eux.

Imaginez ! Un petit canadien français, québécois, francophone – *comme disait Elvis Graton* – s'installait professeur chez les Anglais très *Irish!* Un jeune *québécois de souche*, aurait-on pu dire, originaire du paisible village de Saint-Marc-sur-Richelieu ! À l'époque, on disait *sur « le » Richelieu*.

À vrai dire, en ce qui nous concernait, ce n'était pas tout à fait sur le Richelieu, puisque nous demeurions dans le *« rang des 60 »* quelque part entre le bois de Saint-Antoine et celui de Sant-Amable ; ce qui ne sera jamais, pour sûr, une référence remarquable.

Par contre, le fait de me pointer dans une institution de l'ouest de la ville, m'apparaissait à ce moment-là, une raison pour me bomber le torse ! Ou encore, pour *me péter les bretelles*, dans notre jargon habituel. Comprenez qu'en un peu plus d'une longueur d'adolescence, j'étais passé du petit fermier aux *salopettes* usées à une espèce de quasi intellectuel à cravate soignée ! Mieux encore, si je me replace au tout début – *j'ai failli dire : au tout début de la colonie !* Cela aurait fait grand plaisir à certains taquins de ma parenté, qui jalousent la sagesse de mon âge.

Si je me replace donc au tout début, le petit chétif, aux yeux bleus comme un ciel de grand froid, né d'une mère très malade, était loin de penser qu'un jour, il rejoindrait la cour des grandes barbes du savoir.

Oui, quand j'avais trois ans et deux mois, ma mère fut emportée par la tuberculose. Elle avait enseigné dans une petite école usée et trouée par les courants d'air. Sa minuscule pitance ne lui avait pas permis d'acheter toutes les bûches nécessaires pour se chauffer. Elle avait pris froid, puis, était partie toute jeune, parce que mal soignée, parce que trop pauvre.

Je l'ai donc vue s'éteindre avec toute la philosophie et toute la tristesse de mon âge. – Il ne comprend pas, disait la tante Lucienne. Pourtant, je comprenais tout. Je comprenais aussi pourquoi par la suite, mon père pleurait si souvent. Des fois en cachette, des fois surpris, prétextant que sa bague – *non pas sa gaine* – le faisait souffrir !

À voir comment la ferme était à la dérive, il était évident qu'il avait mal. Même les montagnes de boîtes de conserve vides, derrière la maison délabrée, affichaient sans gêne son découragement.

Pourtant, aux alentours, la vie était presque chérie par les gens de ce coin effacé, où l'on n'avait même pas encore installé l'électricité. – *L'estris'té,* disait l'oncle Pierre. En effet, on se chauffait avec du bouleau mouillé, on s'éclairait à *l'huile de charbon,* et l'on mangeait trop souvent du *lard salé.*

– Les p'tits gars! Ramassez vos affaires !

C'est de cette façon que nous avions appris, mon frère et moi, qu'il fallait aller vivre quelque temps chez nos grands-parents dans leur vieille maison ancestrale, entourée de vergers, de vignes, et du vieux jeu de croquet.

Le jeu de croquet ! Ce lieu extraordinaire où la *belle visite* du dimanche venait nous montrer leur savoir-faire de citadins ! Il y avait aussi le ruisseau où l'on pêchait les *menés,* faute de gros poissons. Sans compter les vielles carcasses d'automobiles toutes *défuntes* et délabrées derrière la remise, elle-même vieillissante.

L'oncle François faisait des études en mécanique et ramassait tout ce qu'il pouvait trouver dans les environs. Je ne sais pas s'il a réussi à bâtir un bolide avec toutes ces vieilleries, mais je me souviens que les cousines de la ville se servaient du toit de l'une de ces vieilles bagnoles comme terrasse de bronzage.

Tels furent nos premiers ébahissements face aux filles de nos âges. Quoique Jeannine, notre jeune voisine d'à côté, aurait pu nous initier à quelque chose elle aussi; mais, ses parents étaient trop aux aguets.

Cette vie près de la forêt nous amenait à rêver aux loups. Toute la nuit, ils couraient d'une manière endiablée dans le corridor, entre l'escalier et le grenier. Certains se levaient debout et devenaient des *loups-garous* ou des *loups-cerviers*, qui, avec de grands couteaux nous égorgeaient, à tour de rôle, mon frère et moi. Un peu comme le faisaient mon oncle et mes tantes, lorsqu'ils saignaient leur cochon pour *faire boucherie,* histoire de regarnir le *saloir.*

Grand-mère aussi faisait la même chose avec ses poules. De telles images nous marquaient à en faire des cauchemars chaque fois que nous mangions un peu *chargé.*

En restant sur le plancher des vaches – *et des autres bêtes* – laissez-moi vous parler de notre bon *Prince.* Un chien qui avait plus de 100 ans de vie de chien, et qui menait *une mourante vie qui n'en finissait plus,* comme aurait pu dire Jean de La Fontaine.

Néanmoins, l'oncle François dut se résigner à l'attirer dans la grange, pour l'assommer, histoire de lui abréger ses souffrances. Après quelques coups de masse, il n'était plus très beau à voir. Je parle du chien bien évidemment; quoique l'oncle n'en *menait pas bien large* lui non plus, à la suite de cet acte de miséricorde.

Il y avait aussi ce maudit coq. Et moi qui avais tellement confiance à ma grand-mère Tanguay !

Un jour elle m'envoya chez le voisin, en m'assurant que ce paquet de plumes qui arpentait la montée n'était pas du tout méchant. Je n'ai pas perdu confiance en elle, puisqu'elle sut m'expliquer pourquoi l'imbécile de coq m'avait sauté dessus quand même.

– *Ça fait pas mal, ça ! Ça fait pas mal !*

Ma grand-mère ne connaissait pas Yvon Deschamps, mais elle savait quand même philosopher à l'occasion !

J'en ai eu les bras marqués pour un bon bout de temps ! Heureusement, un peu plus tard, nous eûmes la rougeole, mon frère et moi. Je dis heureusement, car grâce à de nombreuses marques de rougeurs supplémentaires, je n'eus pas à expliquer tout à fait ma pénible déconfiture au pays des *gallinacés* ! D'ailleurs – *autre avantage inattendu* – la consigne voulait à l'époque, que l'on restât à la noirceur pendant toute la durée de la quarantaine !

Toute une acquisition !

Mon père avait fini par se remarier. En même temps, il nous avait trouvé une mère. Elle jouait avec nous, faisait de la couture et du sucre à la crème.
– Est-ce qu'il en reste encore ? avais-je osé demander en bredouillant, lors de mon retour d'une journée d'école.
– Oublie ça ! Je l'ai tout mangé !

Elle disait avoir mangé le sucre à la crème en cachette comme un *safre*, pour nous *taquiner* bien sûr. Nous, on disait «*sarfe»* dans le milieu; ça faisait encore plus safre.

Notre premier hiver ensemble fut difficile; tout vint à manquer. Nous n'avions même pas de vêtements suffisamment chauds pour braver la tourmente et la neige sur le chemin de l'école. Elle nous fit donc apprendre en quelques mois le programme d'une année et demie de classe.

L'année suivante, nous eûmes de vraies bottines de feutre pour nos *étrennes*. Les miennes étaient de couleur café, et lacées bien haut. Je n'en ai jamais vu d'autres semblables de toute «*maa»* vie, comme disent certains snobs. Faut dire qu'elles venaient de très loin, grâce à une commande postale; à partir d'un *catalogue* populaire du temps.

Ce fut alors le retour à la vie scolaire. La vie des coups de baguette, la vie des *chamailleries*, la vie des premières amours, la vie des échanges de *cœurs de pommes* !

Un jour, l'un des cousins décida de laisser l'école. Pour quelques heures seulement, car son père vint le reconduire *illico* à coups de pied au derrière pendant toute la randonnée du retour aux études. Pauvre René ! Faut dire que le ministère de l'Éducation n'était pas encore créé, et que les parents devaient se faire violence et trouver rapidement par eux-mêmes des solutions au problème du décrochage.

D'ailleurs, cette même année, nous avions tous failli décrocher. En effet, lors d'une nuit, notre école passa au feu. Et avec elle brûlèrent nos pupitres, nos livres, et surtout le bâton de Julia. Celle qui semblait vouloir passer ses frustrations sur le dos de certains élèves.

– Camille ! Approche !

Nous retenions tous notre souffle, sachant que la tempête pouvait gronder bientôt. Pauvre Camille. Il ne se souvenait pas *qui avait bien pu fonder la ville de Québec.* Il aurait certes dû tenter quelque chose !

Son ignorance momentanée lui avait valu une pluie de coups. Par sympathie, toute la classe s'était mise à pleurer. Mauvais réflexe : Julia se déchaînait davantage!

Souvent les corrections se faisaient en double exemplaire! D'abord à l'école, puis à la maison ensuite. Car à l'époque, même si nous n'avions pas l'électricité dans le rang, nous avions tout de même le téléphone. Hé oui! Si bien qu'avant même que l'enfant n'arrive chez lui, déjà les parents l'attendaient pour le *duplicata* de la fessée!

Même Léonard nous rendait la vie parfois difficile.
– Lucienne !
Il était de notre âge; il la tutoyait cependant. C'était en fait sa cousine.
– T'as vu ce que ton gars a fait à la récréation ? Il a déchiré son habit de neige en glissant !
Ton gars, c'était mon frère ! Il dut alors essuyer une correction de plus !
« *Quel bel emmerdeur, ce Léonard !* »

Adieu ! Veaux, vaches... Cochons !

Le père et la mère, comme on disait dans le temps, finirent par se fatiguer de leur vie misérable et vendirent la terre. Ce n'était pas très courant à cette époque. Les fermes constituaient plutôt un genre de patrimoine familial qu'on espérait léguer aux générations futures.

Dire que j'aurais peut-être pu devenir un cultivateur chevronné; en autant que mon frère m'eût vendu son droit d'aînesse !

Nous partîmes donc pour Montréal, *le grand village.*

La première fois que nous entendîmes un tramway freiner, nous fûmes surpris; terriblement même, mon frère et moi !

– *Qu'est-ce que c'est ?* s'écria-t-il !
– Ça doit être quelqu'un qui vide un sac de grain sur la chaussée, lançai-je tout rayonnant.

Au bruit qu'avait fait l'air, en s'échappant du cylindre, j'avais vraiment cru à cette explication. *On peut sortir un gars de la campagne, mais il n'est pas toujours facile de sortir la campagne d'un gars !* Il me semble avoir déjà entendu ça quelque part !

L'est de Montréal n'est pas le coin de la terre où l'air est le plus pur ! Comme les plantes, les humains respirent l'odeur des raffineries; ils sont souvent verdâtres... comme les plantes !

En dépit de tout cela, ce fut quand même dans ce coin de l'Île, que Richard Séguin, l'un de nos chanteurs engagés, trouva l'inspiration pour immortaliser ces mêmes raffineries, grâce à sa chanson *Sous les Cheminées*. Si Richard Séguin trouva l'inspiration, mon frère, lui, en profita pour trouver une compagne; de fait, il maria l'une des cousines de ce chanteur! Il y a de ces coïncidences dans la vie!

Ce fut aussi dans ce même coin de l'Île, que Patrick Labbé et Mitsou *« coyotèrent »* !

Je fais allusion, bien sûr, au film *Coyote* tourné dans ce pays de mon adolescence par ces deux comédiens bien connus.

Chez Larry Beausoleil en plus ! Ce petit restaurant où j'avais été initié à mon premier travail d'étudiant serveur, tout au coin de notre 'Broadway' à nous.

Larry, c'était une copie conforme de l'acteur français *Gérard Darmon*. Vous savez, celui qui a joué *Onassis* à la télévision ? Celui qui était parti à la recherche d'*Aznavour*, des heures durant, dans le film *Emmène-moi !* Mêmes yeux, même allure.

L'année suivante, ma passion pour le travail d'été s'était transportée chez le *Père* Baril. Le *bonhomme* Baril, comme les jeunes avaient l'habitude de l'appeler, possédait à l'époque, deux restaurants – *plus tard trois* – de service rapide. Je commençai d'abord par étrenner son fameux *Broadway Chip*, où les dimanches après-midi, je devais courser moi aussi pour servir les amateurs de turf qui revenaient *à vive allure* du Richelieu; l'hippodrome de la région.

Au *Chalet*, son autre casse-croûte au coin de la 2e avenue, nous avions lancé pour la première fois, la *glace molle* et le jus *d'Orange Julep* ! Du moins, c'était nouveau dans le coin. Mais, malgré de si belles trouvailles, ce fut surtout le petit ours dompté que nous avions à la porte, qui fit l'attraction tout l'été durant. Les gens venaient le voir, mais oubliaient parfois d'acheter !

Finalement, « *mon Boss* » fit installer une petite roulotte à patates frites, sur la rue Principale, à Charlemagne, tout près du pont. Non loin de la maison familiale de *Céline Dion*, notre star mondiale !

Hélas ! Malgré tout l'ardeur de chacun, et malgré mon grand '*talent*' cette dernière cantine n'a pas vraiment pris tout à fait son envol. *Céline n'était pas encore née à l'époque!*

L'année suivante, j'ai dû convertir mes talents de restaurateur en ceux d'épicier. En fait, ce fut davantage grâce à ceux de mon frère aîné qui m'amena travailler *Chez Thisdale,* là même où il exerçait la gérance.

Bon ! Avec toutes ces histoires de restaurants et d'épicerie, je me suis *emballé*. Me voilà donc trop loin dans le temps. Revenons plutôt quelques années en arrière.

Mes jeunes sœurs...

À l'époque, nous avions eu une petite sœur qui est devenue rapidement très grande. À cinq ou six ans, je l'attirais sur le toit du hangar pour qu'elle puisse glisser avec moi, et plonger tête première, à quelques mètres plus bas, dans les bancs de neige bien aménagés le long de la ruelle.

Je comprends mieux maintenant pourquoi elle essayait d'improviser une sorte de *signe de croix* avant chaque dégringolade.

Hé oui ! Elle savait prier ! Nous aussi nous disions le chapelet en famille au son de la voix du célèbre Cardinal Léger. J'aimais bien l'imiter d'ailleurs. *« Vierge Sa-in-te, donnez-nous la grâ-â-ce... »*

Deux autres petites sœurs sont nées par la suite. J'ai passé quelques étés à les promener dans une espèce de voiturette, style *landau* d'autrefois. J'ai même appris à la plus jeune à siffler très tôt dans la vie !

Avant d'aménager dans l'est de la ville, nous avions vécu quelque temps chez la tante Yvonne à Saint-Léonard. Saint-Léonard-de-

Port-Maurice, disait-on. Sa fille, Thérèse, savait vraiment comment diriger la *baraque* et ses parents à la fois. Quelle autorité !

De fait, quand l'un d'eux s'approchait de ses cachettes, elle leur criait :
– *Dégage !*
– Je vais te faire dégager autre chose, tonnait le paternel !

Et une poursuite interminable débutait; autour de la table, des fois dans l'escalier. Cela durait jusqu'à ce que l'oncle Clément n'en puisse plus.

Il ne reste plus rien de ce coin de campagne, tout au nord des raffineries. Depuis, on y a changé le décor paisible du temps. On y a même construit une voie rapide qu'on appelle la 40. Le paysage était pourtant beau à l'époque. À côté, chez Bérangère Pépin, notre gentille institutrice, on y voyait deux belles rangées de jeunes sorbiers ou peut-être était-ce des frênes ? Plus tard ces mêmes arbres furent coupés, et on y installa des usines.

C'était en même temps *la campagne* et *la ville;* surtout la campagne. Pour m'en souvenir, je n'ai qu'à penser aux courses effrénées des petits matins, depuis le haut de l'escalier jusqu'aux toilettes extérieures !

Il y avait aussi un puits dans la cour qui fournissait l'eau aux animaux de l'étable, à quelque dix pas de l'ancienne maison, que les fermiers du temps, les *Robin,* avaient louée à la tante d'abord, puis à mes parents par la suite. Les Robin s'en étaient bâti une toute nouvelle un peu plus loin.

Un petit cousin de cette même famille deviendra plus tard mon beau-frère; il mariera justement ma petite sœur qui avait si bien appris à siffler.

Nous avons aussi connu l'époque où l'épicier venait à nos portes prendre *la commande,* pour revenir ensuite la livrer. L'époque où le samedi, une quinzaine d'enfants du bout se faisaient conduire au collège Roussin, à Pointe-aux-Trembles, pour une *petite vue* en plein air, quand le temps chaud le permettait. Et cela dans la boîte même du camion qui servait la semaine à livrer le houblon aux brasseries. Tout cela était *enivrant !* Dans les deux sens !

Je ne me souviens pas des films comme tels. Je me souviens surtout de la petite Suzanne, tout à côté de moi, qui sentait bon le foin ou le savon de sa mère. Dire qu'à l'école nous nous chicanions tout le temps, elle et moi. La *maîtresse* disait toujours qu'elle nous ferait nous embrasser si nous ne cessions pas! Ce professeur m'a bien déçu, car elle n'a pas tenu sa promesse. Et je n'ai jamais revu cette Suzanne aux grandes tresses noires.

Quand nous quittâmes Saint Léonard, pour aller vivre à Montréal-Est, mes parents avaient décidé de laisser le chien à la ferme des *Robin;* pourquoi se compliquer la vie ? Quand nous sommes retournés le voir deux semaines plus tard, il était mort de chagrin sous la galerie ; lui non plus n'avait pas voulu se compliquer la vie.

À l'école de la ville, il y avait beaucoup d'élèves et par-dessus tout, les bons *Frères de Saint Gabriel !* Ça faisait très différent d'une classe de province. Je pense surtout au directeur qui se baladait avec *sa férule* dans le but de nous intimider. Il ne réussissait pas tout le temps. Les coups pendables de certains élèves continuaient de foisonner.

Mon frère et moi, nous allions à l'église tôt le matin pour *servir la messe*. Nous ramassions aussi les mégots de cigarette sur notre chemin, pour essayer ensuite de les fumer en cachette durant la journée dans les salles de toilette de l'école Alfred-Richard. Je me souviens très bien de mes premières bouffées de fumée tout autant que de mes premières réprimandes officielles et publiques.

T'es allé fumer aux toilettes ? de dire mon professeur, en me reniflant les mains ! Moi qui avais pris bien soin de les laver !

– Fumer ? C'est quoi ça !

J'essayais de faire le malin !

Ce ne fut rien cependant, si je compare ma situation à celle d'un copain, qui lui, fut condamné par son père, à *pomper* la fumée du bout de cigare qu'il avait ramassé, et ce, jusqu'à ce qu'il devînt vert et malade ! Ah ! La bonne pédagogie appliquée de cette belle époque !

Un jour, un cousin de la famille, prêtre et clerc de Saint Viateur, s'arrêta *par chez nous*. On aimait le surnommer la *petite pompe*, parce qu'il savait faire pression sur les jeunes, de paroisse en paroisse, histoire de les attirer au collège pour en faire des prêtres religieux. Il avait un œil sur nos *vocations,* mon frère et moi. Il était même disposé à nous aider financièrement; un atout pour nous, qui voulions faire des études avancées. Un avantage pour nos parents qui n'étaient nullement fortunés.

Amis, partons sans bruit !

Nous partîmes donc pour le collège Bourget, au pied du sanctuaire Notre Dame de Lourdes, lui-même accroché à la montagne de Rigaud, là où dorment les restes de la légende du *Champ des guérets.* Ce n'était pas très loin non plus de la rivière des Outaouais, qu'il faisait bon traverser au mois de juin, quand nous allions pique-niquer à Oka, chez le copain Guilbault. Nous l'appelions *Wabo*, pour les raisons que vous imaginez ! Ce garçon issu d'un village amérindien acceptait d'être comparé au vrai *Wabo*, l'un des personnages célèbres du roman radiophonique '*Un homme et son péché*' que les gens suivaient tous les jours, aussi religieusement d'ailleurs que *le chapelet en famille !*

L'oncle Elzéar, maire de notre village natal, déplorait le manque de prêtres parmi nos proches.
– Peut-être, qu'un jour, il y en aura un qui se décidera à *revaloriser* enfin la famille, se plaisait-il à répéter.
Hélas ! Le pauvre homme fut déçu !

Tout comme moi, mon frère réussissait bien son latin. Mais quand arriva le grec, il préféra retourner à la maison. Remarquez qu'aujourd'hui, je ne sais de cette langue, pas vraiment beaucoup plus que lui.

Le grec ancien et le latin sont évidemment des *langues mortes*, parce qu'elles ne se parlent plus. J'ai compris plus tard toute la signification profonde de cette affirmation, quand j'eus à l'expliquer à de jeunes élèves nouvellement inscrits à mes cours *de latin*. Durant mon exposé, l'un d'eux, se prit alors la langue d'une main, et de l'autre, imitant le geste grave de quelqu'un qui joue du revolver, se tira tragiquement une balle imaginaire en plein dessus ! Sa langue succomba bien évidemment dans un râlement solide et convainquant ! Voilà ! Il avait tout compris !

Par contre, moi aussi j'avais compris quelque chose; j'avais compris que le Ministère permettait à de *bien* jeunes élèves d'entreprendre des études aussi sérieuses que celles des civilisations anciennes.

Au collège, j'étudiais, buvais quelque fois du vin de messe – *en cachette bien sûr* – mangeais les pommes du bon père *Racan*, taquinais les serveuses de la cuisine et jouais à faire *l'externe* avec les copains du village, Louis et Richard, qui malencontreusement n'avaient pas de jeunes sœurs à nous présenter.

Je n'ose pas trop parler des coups pendables qui ont pu se faire entre les murs de ce réputé collège. Comme on n'est jamais seul dans de tels événements, en parler, risquerait d'entacher la mémoire des éminents confrères de mon *Alma Mater,* aujourd'hui juges, dentistes ou chanteurs d'opéra.

Amis ! Partons tout court !

Un beau jour, les deux Jacques et moi, décidâmes en plein cours de philosophie, d'aller rebâtir le monde. Nous ne savions pas encore, si nous devions aller rejoindre *l'abbé Pierre,* ou tout au moins, fonder une commune.

Le rêve *foira* très vite.

Mes copains rebroussèrent chemin pendant que j'aboutissais sur la *Côte Nord,* chez les Indiens de *Bersimis*. Auparavant, j'étais allé ramasser des pommes de terre chez les Ouellette, à Grand-Sault, autrefois *Grand Falls* !

On va tous, un jour ou l'autre, ramasser des patates, quelque part au Nouveau Brunswick pour se payer une traversée à la *Terre de Caïn,* ou pour aller voir les baleines ! Dans ce coin du monde, il faut dire *«balèèènes»* !

– *Hé ! Mon ami, t'aimes ça les patates?* (Vous reconnaîtrez ici *l'humour nigaud de nos célèbres Têtes à Claques !*)

C'était au temps où certains artistes *Country* comme Roger Miron, chantaient : « *À qui l'p'tit cœur après neuf heures ?* » En langage indien du bout, ça sonnait comme: « *Win oté ti pistil nappi négouïne? Ti ta mé ? Ti ta té ?...* » Pas mal plus poétique, n'est-ce pas ?

Le soir du spectacle, je rencontrai une fille de *Saint-Louis-du-Ha! Ha!* Village pas très drôle, en dépit de son nom, puisque les parents de la jeune fille avec qui j'avais échangé quelques sourires, n'ont jamais voulu que je la *revisse* ! Dans le sens de revoir, bien évidemment !

J'ai donc travaillé à l'installation d'un barrage sur la rivière *Bersimis*. J'ai aussi appris beaucoup sur les dépenses d'un chantier. Certains gros sous-contractants fonctionnaient à l'époque au *pro rata* de leurs dépenses; la firme maîtresse responsable du projet, leur remboursait un certain pourcentage.

Alors ! Ce que l'on en a utilisé et usé, des pelles mécaniques, des camions, des compresseurs; à les perdre de vue complètement ! Ça c'est de l'usure !

Je fais allusion aux mauvaises langues qui ont prétendu que souvent, on précipitait la machinerie lourde dans le fond des ravins pour l'enterrer par la suite, afin de mieux faire grimper les dépenses... *Voyons donc !*

Ce périple au milieu des travailleurs m'avait rapporté quelques sous. Il m'avait également redonné le goût de poursuivre mes études.

Amis ! Partons sans bruit !
Encore ? Décidément, va falloir se brancher !

Je fis le tour des collèges en faisant des offres; des offres qu'ils *pouvaient* refuser !

– J'ai tant d'argent; me prenez-vous comme étudiant pensionnaire pour deux ans?

Le *Collège de Saint-Laurent* finit par accepter, grâce à la bonté du directeur du temps, le père Duchesneau. Je pus donc compléter les années de philosophie qui me manquaient pour obtenir mon bacca-lauréat. Et en même temps faire damner un peu le bon père *Pelo*, premier responsable du Pavillon des étudiants.

Un soir, il y eut une partie de cartes au grand gymnase, organisée en vue d'amasser des fonds, nécessaires à nos activités culturelles.

Nous étions tous excités à l'arrivée de collégiennes et de normaliennes venues nous aider au service des tables. Chaque collégien aurait une escorte. Le hasard fit en sorte que ce soir-là je rencontrai une brune, qui devint *ma blonde;* ma petite amie, si vous préférez.

Faut dire que c'est un peu à cause de mon lacet de chaussure, lequel m'avait suffisamment retardé, pour que le synchronisme se fasse avec la petite robe de velours rouge. J'aurais pourtant dû savoir que le rouge peut être le signe d'un danger quelconque ! Mais moi, je n'y vis que du feu ! Et par la même occasion, j'oubliai Bibiane.

J'avais rencontré Bibiane l'été auparavant, en travaillant à la comptabilité chez *Jules d'Alcantara,* le fleuriste. Elle était la copine de la petite Cécile qui savait *faire la cour* à tous les clients; ce qui ne manquait pas d'horripiler notre chef comptable, une ancienne jeune fille, sûrement jalouse ! J'avais fait quelques fois le trajet du retour à la maison, avec Bibiane.

C'était une fille charmante que j'aurais bien voulu présenter à mes parents.

– Quoi ? Il n'est pas question que tu m'amènes une fille ici... surtout une fille que je ne connais pas !

Ma mère aimait bien se donner d'importantes responsabilités. Comme celle de tout contrôler. Et même celle de vouloir choisir *nos flammes !*

À l'automne Bibiane regagna son pensionnat pendant que je rentrai à mon nouveau collège.

Mes études auraient pu être longues et pénibles – *pourquoi pas lancinantes* – mais par chance, ma nouvelle flamme les rendit plutôt agréables, puisqu'elle venait me voir assez souvent, ce qui contrariait bien évidemment notre directeur.

Il surveillait ses collégiens à la loupe. Il nous fallut trouver un coin de cimetière, dont les murs de pierres élevés nous mettaient à l'abri de son inquisition. Et c'est là, que souvent, nos ballades du dimanche soir se terminaient. Je me souviens du vieux banc de fer forgé, des allées parsemées de fleurs, et surtout, de ce calme, de cette tranquillité mortuaire !

Un jour j'eus à monter une petite pièce de théâtre d'un style « *Western Poussiéreux* ». Comme nous jouions les rôles autant masculins que féminins, je me sacrifiai en jouant *Lolita* la tombeuse du saloon.

Ma copine m'avait prêté des vêtements et autres coquetteries. Jamais je n'ai voulu qu'elle porte à nouveau ces *atours*, surtout pas au parloir le dimanche devant mes confrères. La comparaison des silhouettes ne m'aurait jamais favorisé.

J'aimais bien le théâtre. Ce n'était pas ma première expérience. Quelques années auparavant, au collège Bourget, nous avions monté *Les Fourberies de Scapin,* avec l'aide de notre professeur « Bydoune », aujourd'hui décédé.

Bydoune – *prononcez Baille-Doune* – c'était une déformation de la ville de *Bytown* que l'on rencontre dans la chanson « *Passant par Bytown... en vidant les bouteilles...* ».

Évidemment son surnom, faisait fortement allusion à ces derniers mots !

Le personnage de Géronte et de *sa maudite galère,* me donna un peu de popularité à l'époque, et beaucoup de satisfaction.

– *Que diable allait-il faire dans cette galère !*

Cette réplique qui revenait continuellement face à Scapin, me résonne toujours en tête après toutes ces années.

Notre interprétation a probablement fait que Molière se soit bidonné dans sa tombe à s'en faire mal aux côtes ! À moins qu'il ne se soit mis dans une colère noire, et qu'il m'attende dans l'au-delà avec son fanal – *que lui aurait prêté Diogène évidemment !*

Finalement, j'ai bien aimé ce premier collège. On nous disait d'en profiter, que c'était nos plus belles années ! Il y avait du vrai làdedans. Peu de responsabilités, climat de culture, esprit de grande famille. On y faisait aussi du sport, de la musique. J'ai aussi vu sur la scène de notre auditorium des tas d'artistes et de vedettes internationales : les Compagnons de la Chanson, le violoniste Arthur

Leblanc, Félix Leclerc, les chanteurs Jean-Paul Jeannotte et Pierrette Alarie, et combien d'autres !

C'est également là où j'ai pu faire l'apprentissage du ski. On prenait tout l'après-midi pour monter jusqu'au haut de la montagne, et quelques minutes pour la descendre; pas toujours sur nos skis. Parfois même en embrassant quelques arbres, quand ce n'était pas les monuments du cimetière, tout « en bas de la pente raide ! » Petit clin d'œil à Roger Lemelin !

Mon deuxième collège, à Ville Saint-Laurent, n'avait pas les grands espaces de la campagne. Tout au plus, nous avions trois allées de quilles au sous-sol, et deux tables de billard au rez-de-chaussée. De toute façon, ce qui comptait, c'était les études. Les études et les filles. Car nul n'a le droit de préparer son avenir dans les livres seulement !

À l'université, c'est bien différent; on loge avec des copains, dans des *garçonnières,* non loin de nos salles de cours. Et, bien sûr, il est plus facile pour l'amoureuse de venir nous voir, afin de bien préparer notre avenir.

Ce fut une période extraordinaire ! J'ai eu le privilège, de m'enrichir au contact de professeurs remarquables. Autant en psychologie qu'à la faculté de Lettres. Je ne peux pas oublier non plus certaines compagnes et certains compagnons de classes : Renée Claude, Stéphane Venne, Fanfan Dédé... des personnages du monde artistique, bien aimés au Québec.

J'ai pu participer aussi à cette époque aux fameux *Ateliers Théâtre*, où un certain Jean Doat, illustre metteur en scène français, était venu nous aider à réaliser le *Procès à Jésus* de *Diego Fabbri*, que nous avions joué justement au théâtre *Gésu !* Sans rapport avec le Jésus que vous connaissez; même si la salle était située à l'intérieur de l'un des collèges de la *Société de Jésus*, le réputé collège Sainte Marie. C'est là que j'ai connu au nombre de ceux qui faisaient équipe avec moi, un certain Marc Laurendeau, peut-être pas encore *cynique* à l'époque, mais qui le devint rapidement grâce à son groupe du même nom. *Les Cyniques* ont d'ailleurs fait tout un *tabac* au Québec dans les années 60.

Parmi les autres jeunes comédiens et comédiennes de mon groupe, je me souviens d'Élisabeth Schuvallize, qu'il nous arrive de voir à la télévision de temps en temps. J'ai su par la suite – *autre coïncidence* – que mon épouse était allée à l'école Saint-Alphonse, en même temps qu'elle, à la fin de leurs études secondaires.

En voulez-vous des coïncidences ?

J'avais fait mes études au collège *Bourget;* mon épouse avait étudié à l'école Normale Ignace *Bourget*. Mieux encore, ses parents s'étaient mariés par un beau 14 septembre de l'année 1935 ! Les miens aussi ! Tout à fait *hallucinant!*

Lorsque nous nous sommes mariés – *quand nous fîmes un « marissage », aurait dit une ancienne belle-sœur du temps, au langage très surprenant* – il me restait une année d'étude pour compléter ma *licence*. La licence d'alors, se voulait être à peu près, ce qu'est la maîtrise d'aujourd'hui.

Heureusement que mon épouse avait commencé à enseigner, car les bourses d'étude n'arrivent pas aussi rapidement que les frais mensuels du loyer.

Ce qui souvent, arrive très vite, par contre, ce sont les enfants.

J'ai donc complété mes études sur la galerie du toit, en berçant notre première enfant; là même, où nous essayions de regarder notre petit *téléviseur*, quand le bruit des avions n'était pas trop strident au-dessus de nos têtes.

Dire qu'aujourd'hui avec la fermeture de l'aéroport de Mirabel, les gens de mon ancien coin, vivent à nouveau ce vieux problème des années soixante.

Il y avait aussi le jeune beau-frère qui venait nous rejoindre pour y pratiquer son *talent,* avec un pistolet à plomb. Imaginez le gars, de l'autre côté de la rue, qui, s'en allant prendre l'autobus, aperçoit un *énergumène* sur le toit d'un immeuble, une arme à la main ! Doit-il lui demander si c'est un jouet, ou, doit-il tout simplement *foutre le camp* ?

Il me vient également un souvenir moins heureux.

La nuit, il fallait se lever pour donner à boire à notre fille. Il fallait aussi faire craquer le vieux plancher usé et difforme. Ce qui faisait maugréer et rouspéter notre voisin d'en bas.

– Si tu n'es pas content, débarrasse ! Lui criai-je un jour, avec toute l'assurance d'un *prétentieux accompli* !

Le pauvre homme était sans doute un grand malade du cœur, car il eut une grave attaque un soir de souper, et disparut en ambulance pour ne plus jamais revenir.

Pendant ce temps, j'accumulais des diplômes, grâce à des bourses et à des emprunts. À l'époque, il fallait avoir plusieurs *cordes à son arc* ! C'était bien avant que le coloré Jean Marc Chaput n'ait échappé cette phrase, agrémentée de son juron irlandais :

– Avez-vous déjà essayé de tirer de l'arc avec plusieurs cordes, *'Sacrafice'* !

Mais, le *'trip'* de la ville ne dura guère longtemps. Il fallait s'agrandir, grandir la famille, et commencer à voir grand ! Maison, loisirs, rayonnement social.

Au travail, on jouait du latin, mangeait de la *paella* le midi, avec Luc et Suzanne. Et comme par hasard, en pleine année de l'Expo Universelle, nous eûmes à vivre le double horaire, et dûmes profiter – *Quel terrible malheur !* – de nos après-midi, histoire d'aller *fouiner* dans des tas de pavillons à *Terre des Hommes*. Bien évidemment, il fallait ensuite aller se faire peur dans toutes sortes de manèges, avec la cousine de Sainte-Adèle, une grande téméraire du petit nord ! Ah ! Ce que l'on peut devenir brave, quand on est motivé par un soupçon (!) d'orgueil !

Dire que pendant ce temps-là, mon épouse, grâce à son métier d'enseignante, s'amusait allègrement dans sa classe, avec de petits diables, assoiffés d'un certain désir *de ne rien savoir* des études !

On pouvait devenir brave également, quand on passait quelques heures au cabaret allemand, le *Lowenbräu* avec les amis! *Prendre un coup* a toujours été une sorte de méthode très sûre pour en arriver à atteindre un très haut niveau de courage ! J'ai vécu ce karma. Ce fut d'ailleurs pour moi l'occasion rêvée pour me pratiquer *à planer* tête première en bas du petit train de la *balade*. Aujourd'hui je suis à m'interroger sur la nécessité de faire de telles culbutes pour épater la galerie.

– Sacrebleu ! Tu as reçu toute une raclée !

J'encaissais les réflexions des gens de la famille. De fait, le surlendemain de mon célèbre *plongeon*, nous étions tous aux funérailles du grand-père Honorius. J'avais la figure cachée derrière de larges lunettes fumées; ce qui aurait pu être interprété comme un signe de sympathie profonde de ma part pour notre aïeul bien-aimé. C'était surtout pour camoufler mon visage fraîchement ravagé.

Coup de tonnerre !

C'est donc dans cet état de béatitude – *si on met de côté ce banal incident* – qu'un couple ami, vint tout à coup déranger notre calme intérieur. Ce grand imbécile, de fanal, de misérable – *comme disait, notre petit-fils, lorsqu'il jouait avec les figurines de son bateau de pirates* – cet escogriffe, dis-je, se pointait avec sa compagne, dans le but de mettre subrepticement le doute, dans ma vie paisible d'arriviste !

Ce *comique* venait de découvrir « la » vérité, la *pierre philosophale*. Il profitait de son enthousiasme pour m'épater, pour *m'en beurrer épais*, comme on dit chez nous.

C'est comme s'il voulait que je me pose à nouveau toutes les grandes questions existentielles que je m'étais déjà posées. Où vais-je ? D'où vins-je ? Qu'en est-il de mon existence

Personnellement, je me voyais arrivé au pinacle de l'aventure sociale. En si peu de temps !

Nous participions à toutes sortes de mouvements communautaires, à des expériences de couples, à des activités avec nos jeunes.

Nous étions comblés, quoi !

Et voilà que cet importun essayait de chambouler ma vie, au moment où j'avais la satisfaisante impression que tout s'était déroulé facilement; que la chance m'avait accompagné dans tous les recoins de mon quotidien. En dépit de plusieurs embûches – *je n'ai pas tout raconté bien sûr* – j'avais comme la certitude de toujours avoir été choyé par la vie. C'était ma manière personnelle d'apprécier à l'époque.

Pourquoi vouloir ébranler tout ça ?

Deuxième Partie

> Tel que promis, dans cette deuxième partie, je vais laisser de côté, petit à petit, les faits personnels, pour en arriver à la «drôle» de façon de penser, qui m'a permis d'attirer davantage les bonnes choses de la vie !

Que diable venait-il faire dans ma galère ?

Nos amis, avaient été envoûtés. Ils venaient de vivre une expérience de groupe qu'ils qualifiaient *d'extraordinaire.*

Un certain vieux bonhomme, autodidacte par surcroît, leur avait fait la leçon de leur vie, dans une espèce de cours *pour mieux vivre,* semblait-il. Pire encore, ils voulaient nous *embarquer,* ma femme et moi, dans leur aventure mystérieuse !

Alors moi, qui venais de passer plus d'années sur les bancs du savoir que sur le marché du travail, je n'étais tout de même pas pour me laisser *«emberlificoter»,* dans une aventure patronnée par des espèces de *«pseudo-connaissant»,* sans doute ignares ! Quand même ! J'en avais suivi des cours, moi. Et justement, je les avais suivis dans les grandes maisons de la culture ! Non pas dans des *sous-sols* d'église, ou dans des gymnases d'écoles de quartiers !

La façon de vivre, cela s'apprend en étudiant la vie de nos auteurs anciens, de nos philosophes, non pas dans des groupes de... *cornichons !*

Comment peut-il en être autrement ?

Au surplus, en étudiant la pédagogie, on m'avait appris longuement, comment *faire* et comment *dire.* En enseignant, ce fut à mon tour de dire aux autres comment *faire.* Il n'était donc pas question de me laisser dicter une philosophie de comportement par n'importe quel premier venu. Car si j'avais bien compris, ces fameux cours, avaient été conçus pour réformer les gens timorés, les sans échine, les traînards, les peureux, les gênés.

Moi, j'allais de l'avant ; le *petit* canadien français que j'avais été, se mourait en moi.

– Je n'ai pas besoin de ça ! Je ne suis pas gêné, moi ! Je suis capable de parler en publique ! J'ai même fait du théâtre ! De l'art oratoire ! J'en ai *vu d'autres,* moi ! Lançai-je, exaspéré.

Vu d'autres ? Je ne sais pas si mon subconscient me poussait à échapper cette phrase, moi qui venais de voir *«ceux»* de Fabiola de très près!

En effet, au retour d'une rencontre de *profs,* nous nous étions arrêtés au cabaret de *La Feuille d'Érable,* où, Fabiola, une chanteuse plantureuse du temps, invitait quelqu'un dans son spectacle, à venir danser le « twist » avec elle. Tel un *pitre,* je m'étais précipité pour voir ses sommets de plus près. De loin, on aurait dit qu'ils étaient sur le bord d'éclater ! De près, je ne me souviens que de grosses veines bleues, saillantes, tellement son corsage les embarrassait.

De cette soirée, je retiens surtout de mon voisin à moitié ivre, la très sage et très grande réflexion, pondue alors qu'il se prosternait sur son quatrième ou cinquième verre de bière : *Verre plein, je te vide; verre vide, je te plains !*

– Laissez-moi donc tranquille avec votre cours de *dégénérés,* repris-je d'un ton convaincu.
– Oui ! Mais, chéri…

Ma femme s'en mêlait.

En fait, son *amie de femme,* avec qui elle avait fait ses années d'école normale, était l'épouse du fanal dont j'ai parlé plus haut. Les amis de mon épouse étaient devenus nos amis. Jusqu'alors, je n'en avais point souffert; au contraire, ils nous avaient aidés tellement souvent. Surtout du temps où j'étais étudiant, sans le sou, sans voiture. Mais voilà qu'ils voulaient remettre en doute, tout mon cheminement depuis des années.

– Ce n'est pas ce que tu penses, disaient-ils, tu risques d'aimer ça !

J'avais beau les savoir sincères, je ne pouvais m'empêcher d'imaginer un piège quelconque !

– Tu vas sûrement aimer l'ambiance, la chaleur du groupe, le côté humain ! Ils insistaient.

Comme je l'ai dit tantôt, je n'avais peut-être pas développé à mon goût ce côté *échange humain* chez les gens. Une éducation sévère, presque froide, des études dans des collèges aux exigences disciplinaires strictes, une continuelle préoccupation à me débrouiller seul ou à négocier avec l'entourage, tout cela m'avait habitué, à jouer les solitaires.

Lorsque quelqu'un s'amenait chez moi, j'hésitais toujours à monter du sous-sol pour venir le saluer. J'essayais de me vendre l'idée d'être vraiment occupé à des choses tout à fait sérieuses : corrections de devoirs, lectures de pièces de théâtre, écoutes d'œuvres musicales, ou encore, pratiques de stratégies très scientifiques, sur ma table de billard !

Leur allusion au côté *chaleur humaine*, était sans doute bien placée; mais j'entendais bien améliorer tout ça, *à ma façon !*

L'ambiance, la chaleur ! Mon œil !

Quelle chaleur pouvait bien émaner d'un groupe de personnes aussi différentes les unes des autres?

Je ne voulais surtout pas que mes espèces d'éberlués me forcent à changer ma formule de vie; ma formule gagnante.

Tant mieux s'ils avaient pu découvrir quelque chose de nouveau et de magnifique dans leur expérience de groupe. Mais après eux, *ce n'était pas le déluge !*

Je ne voulais surtout pas recommencer mon cheminement encore une fois ! Et à quel prix cette fois ? Déjà que ce cheminement avait été long et pénible. C'est formidable de vivre des tas d'expériences; mais, il faut en finir un jour, et passer à l'action.

Quoique, à ce moment-là, je me dois de l'avouer, j'étais très certainement curieux de savoir ce qui se passait de si phénoménal dans ces groupes d'exaltés ! Comment interpréter le fait que déjà à cette époque, un grand nombre de gens semblaient se laisser attirer fortement par ces rencontres énigmatiques, quasi clandestines.

S'agissait-il de sectes religieuses ? D'une manifestation quelconque de la 'Pensée Magique' ? D'un autre *Secret* à la Rhonda Byrne ? Était-ce des moyens prometteurs, même miraculeux pour refaire le genre humain? Ou finalement, de simples pièges à cons ?

Pour en savoir plus, en dépit de toute la réticence que j'avais farouchement manifestée, il a bien fallu que j'en arrive à me laisser convaincre d'aller *au moins* voir la chose de plus près.

On va « écornifler » !

Il me fallait donc vivre l'expérience d'un *écornifleur !* Vous savez, celui qui veut *tâter le terrain* d'abord; se gardant pour autant de prendre une décision ? Je me laissai donc inviter à la dernière soirée d'une session de ce « fameux » cour.

À l'époque, l'expérience se terminait par une soirée publique. Les finissants invitaient leurs parents et leurs amis. Ceux-ci pouvaient donc assister à leurs victoires, disaient-ils; prendre part à leurs découvertes, à leur émerveillement...

Avec tout ce qui m'avait été dit ailleurs, sur tous ces cours à la mode, je m'attendais surtout à une soirée de pleurs, de *braillement* et à une interminable exhibition de problèmes de vie ! Cela aurait été l'argument rêvé pour étoffer mon point de vue :

– Une espèce d'hystérie collective, aurais-je pu dire alors.
– Du maudit négatif, quoi !

Or, heureusement, ce ne fut point tout à fait ce qui arriva. Il y eut bien sûr des larmes, des émotions. On voyait que certains participants revenaient de loin, comme on dit. Ils n'avaient pas toute l'habileté nécessaire pour régler définitivement la bataille d'une vie en si peu de temps. Mais, somme toute, l'exercice faisait sérieux.

Comment réagir face à une telle expérience ? Devais-je croire d'emblée à une efficacité indiscutable ? Devais-je plutôt me questionner ? Être perplexe, douter ?

Tout ceci en fait, fut un peu l'élément déclencheur, pour ne pas dire la mise en scène qui me permit d'amener le premier des points importants dont je veux parler dans cette deuxième partie de mon bouquin; lesquels points feront voir petit à petit, *la drôle* de façon de penser, proposée au début.

1er point important :

Plutôt Croire que douter !

Les relents de nos études et de notre formation intellectuelle du temps, nous empêchaient à l'occasion, d'avoir une foi rapide ! Ne nous avait-on pas appris à pratiquer le *doute* pendant ces années d'étude de la philosophie, entre autres?

Ceux qui eurent à défricher les thèses du temps, se souviendront du « Je doute, donc je suis ! » En d'autres mots, si tu te surprends à faire la démarche intellectuelle de te questionner, de douter, c'est que tu es un être intelligent qui sait s'interroger; tu es un être pensant, un être existant: tu es en vie, quoi !

Quant à moi, le seul fait de penser, « Je pense, donc je suis ! » aurait suffi à nous faire réaliser que nous existions ! Mais les grands philosophes des siècles passés, ne se contentaient pas toujours de choses aussi simples ! Ils avaient *comme* besoin de creuser davantage. De se questionner, de douter. Comment ensuite, faire spontanément confiance à la vie après cette démarche de *quasi déformation* systématique de la pensée ?

Ce doute ou ce besoin presque maladif de se questionner, a d'ailleurs abondamment déteint sur notre culture, sur notre manière de penser, sur notre éducation en général. Aujourd'hui beaucoup de gens sont encore sur la défensive; ils se posent toujours toutes sortes de questions sans prendre de décisions.

Il y a surtout une autre raison qui expliquerait pourquoi on en est rendu à favoriser le *doute* avant la *foi*.

C'est beaucoup plus facile de douter que de croire !

Avez-vous pensé comment il est compliqué de croire ? Par exemple de croire que quelque chose de *beau, de grand, de merveilleux...* puisse nous arriver?

Croire, est une chose extrêmement difficile! Il faut se mettre dans une situation inconfortable; il faut s'obliger à espérer recevoir derrière l'invisible ! *Tout un travail !*

Par contre, il est tellement plus facile de douter ! On n'a pas à se faire violence trop longtemps; il suffit de penser que ça ne *devrait pas* fonctionner, que ce ne sera *pas possible.* Et voilà !

À ce moment-là, on se libère tout simplement avant même de faire *l'ombrage* d'un effort.

On est loin de la chanson de Michel Fugain, qui nous disait : « Fais comme l'oiseau! Ça vit d'air pur et d'eau fraîche! »

Ça va prendre combien de vies pour en arriver à ne plus douter ?

Pourtant... diantre !

En dépit de ce fait, il y a cependant quelque chose que je trouve bizarre et très contradictoire dans tout cela.

Je m'explique.

Est-ce que les gens, en général, ont tendance à se demander si les arbres vont vraiment reverdir au printemps ? Certainement pas, puisque ça fait partie des choses régulières, des choses *normales* de la vie.

Si donc les gens acceptent facilement ce dénouement normal, années après années, ça veut dire qu'ils ont pris l'habitude – *sans s'en rendre compte peut-être* – de faire «une espèce d'acte de foi» !

Ils croient que les feuilles reviendront ; ils n'ont pas le moindre doute.

En somme, ils savent pratiquer *la confiance – la « canfiance »* disait François de Star Académie ! Ils sont donc capables de croire ! Mais pourquoi alors, ne le font-ils pas tout le temps?

Ils devraient tout autant croire que le Créateur… ou que Bouddha, ou même que *les Forces de la Vie*, comme le disait si bien Martin Gray, nous réservent le meilleur dans tout ce que nous avons à vivre quotidiennement. Que le beau, le grand, le merveilleux, devraient faire aussi partie des choses dites *normales* de la vie ! Et que l'on ne devrait pas s'inquiéter à savoir si la vie va nous les apporter ! De la même façon qu'on ne s'inquiète pas à savoir si nos arbres vont feuillir à nouveau !

C'est quoi cette aberration de vouloir choisir les moments, les circonstances où l'on devrait croire ou ne pas croire?

En somme, c'est comme si je disais « je vais croire que le printemps va revenir, et qu'il va me servir une fois de plus toutes ses belles transformations complexes, merveilleuses, énigmatiques; mais je ne vais pas croire que la vie va continuer de m'apporter ce dont j'ai besoin pour être heureux! » Quel bizarre de raisonnement!

Voilà pourquoi je criais plus haut : Quand est-ce qu'on va croire que quelque chose de beau, de grand, de merveilleux, va nous arriver ? En somme, quand est-ce qu'on va croire que ce beau, ce grand, ce merveilleux, *fait partie* des choses dites *normales* de la vie… comme les feuilles qui reviennent au printemps? Et que ce beau, ce grand, ce merveilleux est définitivement disponible tout le temps.

Mais, encore une fois, comme c'est forçant, comme c'est inconfortable d'être si loin de la certitude. Et surtout, comme c'est facile de trouver des tas d'excuses ou de bonnes raisons, comme on dit, pour se convaincre du contraire.

Le fait de me questionner sur les bienfaits de l'expérience que suivait notre couple *d'empoisonneurs,* est un bel exemple du doute qui guette chacun de nous.

Ayant remarqué par la suite des tas de bonnes choses que nos casse-pieds avaient pigées dans leur aventure, je m'en voulais de ne pas y avoir cru tout de suite.

Depuis lors, je garde *l'esprit ouvert*, je garde *la porte de la foi ouverte !*

2ème Point important :

Donner son 100%

Il y a aussi, que les gens ne sont plus portés à vouloir faire un effort constant de nos jours.

Je me sers ici, d'une réflexion d'Abraham Maslow, un grand chercheur en psychologie, qui avance qu'à peu près *cinq pour cent* des gens se donnent 'totalement' dans leur travail, et dans la vie en général. Ça suppose que chez les autres, beaucoup trop vivent sur leur *erre d'aller...*

Peut-on s'attendre alors à ce que la vie apporte *tout* à ces êtres si peu habitués au don de soi ? On est loin de gens qui utilisent à bon escient leur machine à penser pour attirer les belles choses de la vie!

Avez-vous déjà entendu cette réflexion : *Pas de danger que la vie me donne ceci... ou cela !* Pourtant, la vie est impersonnelle; la vie ne donne rien d'elle-même ! Mais toi, par contre, si tu donnes ton 100%, *(ton 110% selon l'expression chérie des grands journalistes sportifs)* il semblerait que cette même vie, trouverait alors à te réfléchir ce dont tu as besoin pour être heureux.

J'aime bien paraphraser John F. Kennedy, qui disait : « Ne te demande pas ce que ton pays peut t'apporter… mais demande-toi plutôt ce que tu es prêt à apporter à ton pays ! »

En transposant, on pourrait dire : *ne nous demandons pas ce que la vie peut nous apporter, mais demandons-nous plutôt ce que nous sommes prêts à apporter dans cette vie !* Dans la vie, c'est *« donnant, donnant »* en quelque sorte. Tu donnes beaucoup, tu retires beaucoup; tu donnes très peu, ou rien, tu retires en conséquence, c'est-à-dire très peu ou rien…

Au surplus, ce n'est pas, en maudissant cette même vie ou notre passé, ou *même le gouvernement tant qu'à y être*, que nous attirerons les bonnes choses.

Remarquez que j'ai eu un confrère d'université qui s'était mérité zéro, dans une dissertation sur la philosophie du travail et de l'effort, en avançant, en gros, que ni l'effort, ni le travail n'était fait pour l'humain ! « La preuve, disait-il, *ça le fatigue !* »

Nous savons fort bien que le travail se veut capable d'ennoblir l'homme, se veut capable de donner un sens à sa vie. Pourtant, il y a des tas de gens qui pensent que la formule des tricheurs, des profiteurs, des «bougons» est beaucoup plus rentable !

Cette philosophie de gens qui vont au plus facile, et qui savent exploiter, nous vient peut-être du fait que la vie nous gâte de plus en plus et nous incite à ne plus faire d'effort. Voyez comment aujourd'hui tout semble fonctionner d'une manière automatique, par boutons, par poussoirs. Partout, dans la maison, dans l'automobile, on en est rendu à faire comme dans l'émission télévisée bien connue « Tout le monde en parle » – *Manon pèse sur le bouton !*

Il y a quelques années, quand je me suis retrouvé avec des dents de *plastique* et que je voulus m'acheter de la crème pour les astiquer et les nettoyer, on m'a dit : « Ne te donne pas cette peine ! Mets-les à tremper dans un bol, avec une *pastille nettoyante,* et le tour sera joué » !

Vous qui avez des dents naturelles, ne riez pas trop; avec la vitesse du progrès, qui sait, si un jour, vous n'aurez pas à vous mettre, vous aussi, la tête dans un bol avec une pastille !

Bon ! Revenons à nos moutons. Boutons, Moutons… tu saisis *!?*

Nous disions tantôt, que nous devions vivre dans l'attente de recevoir de la vie, de faire confiance finalement. Que la vie nous apporterait de superbes choses, et que tout cela était *normal*.

Mais en même temps, on doit aussi comprendre qu'il faille s'entrainer; genre, pratiquer la pensée positive, le cinéma mental, etc. – *J'en parlerai plus loin.*

Hélas ! Ce n'est pas ce qui se passe en général, de nos jours. Les gens vont plutôt parloter, tergiverser, analyser, critiquer, pour se mettre finalement à *douter*. Même s'ils acceptent de comprendre que toutes ces choses dont nous avons parlé tantôt puissent être dans le domaine du possible, c'est finalement la facilité du *doute* qui l'emporte sur l'effort de *croire*. On ne veut plus s'entraîner à l'effort, on n'aime pas se faire violence. On recherche plutôt des recettes magiques, une quelconque panacée.

Les gens veulent bien suivre des cours, lire des livres, et fréquenter des conférenciers. Mais, quand ils sortent d'une rencontre ou d'une causerie quelconque, ils diront qu'ils sont tombés en bas de leur chaise, qu'ils se sont *ébaubis, qu'ils sont bouche bée, quoi !*

« Ah ! Que c'est donc bien vrai ce qu'il dit ! »

Mais, de là à se donner la peine de faire l'effort de mettre le tout en pratique, il y a une énorme marge !
Quand tu lis un bon livre, quand tu écoutes une bonne causerie, tu peux être stimulé, emballé. Si alors le conférencier te disait :
– Va maintenant mettre tout ça en pratique dans ton quotidien; *va faire l'effort !*

Évidemment la tentation de négliger de passer à l'action resterait souvent trop présente. C'est là que notre force de volonté est nécessaire; de même que notre désir d'avancer et de nous entraîner.

Petit « a parte » :

C'est à ce moment-là que j'ai cru comprendre, un peu du moins, « *l'un* » des grands bénéfices de ces expériences de groupe, comme le fameux cours que venait de suivre mon espèce de zouave; qui de plus voulait m'embarquer dans son aventure *d'illuminés,* souvenons-nous !

Ça m'avait l'air d'un endroit où l'on arrêtait de te suggérer d'aller faire l'effort chez toi, cette semaine, dans ton travail, etc. C'était un endroit où l'on te disait plutôt :

– *Tu vas faire l'effort tout de suite! Ce soir même! Ici même! Bang!*

Un endroit où l'on te *surprenait,* où tu n'avais pas le temps d'analyser bien longtemps, ni de trop soupeser l'efficacité de la méthodologie employée, ni même le temps d'envisager *toutes les compétences dites transversales, que propose le Ministère de l'Éducation !*

Bref ! Un réel endroit d'entraînement, de pratique, de travail, quoi; où l'on pouvait faire du rattrapage sérieux, puisque depuis longtemps, un peu partout, dans toutes les situations du quotidien, nous avons mis l'effort de côté.

Nous vivons dans une société où l'on ne valorise plus l'excellence ; au contraire, on laisse le haut du pavé à ceux qui traînent les pieds, à ceux qui critiquent, qui chialent ou qui maudissent la vie.

C'est d'ailleurs sûrement, à cause de cette mollesse continuelle, que tant de gens, n'étant pas très fiers d'eux-mêmes, finissent par développer un certain mal de vivre, avec tous les *parasites intérieurs* que ça comporte: amertume, morosité, insomnie, pour n'en citer que quelques-uns. J'ai toujours cru que celui qui donnait son plein rendement, n'avait pas à se lever la nuit pour bricoler, pour tricoter, ou pour prendre des *pilules.* C'est le vide du quotidien qui engendre l'insomnie.

Bref, ça ne m'avait pas l'air du tout d'une méthode tatillonne; il n'y avait pas d'hésitation. C'était direct ! *Vlan ! Dans le buffet !*

Imaginez que si en plus, cet endroit devenait un lieu où personne n'avait le choix de dire *non !* Une sorte de formule où tu fais confiance à la méthode, en accomplissant tout ce que l'on te demande, *sinon tu évacues,* comme disait l'autre.

N'était-ce pas là une façon énergique d'amener les gens à pratiquer cette fameuse confiance?

Si tu acceptes de vivre des tas de situations bizarres, si tu acceptes de te laisser embarquer dans un bon nombre d'exercices plus ou moins ridicules, et cela pendant plusieurs soirs, devant des tas de gens, et qu'à la fin, tu en arrives à ne plus être arrêté ni même dérangé par ce même ridicule – *comme je l'ai vu lors de cette soirée finale* – ne comprendrais-tu pas alors comment d'une manière semblable, il pourrait t'être presque aussi facile, sinon plus, d'accepter les malaises, l'incertitude et les aberrations que l'on rencontre dans ce que nous vivons tous les jours ?

Pensons-y ; ce qui arrête surtout les gens, c'est cette peur du ridicule ou d'avoir l'air ridicule… « Qu'est-ce que je vais avoir l'air? » « Qu'est ce qu'on va bien dire de moi? » Voilà pourquoi les gens n'osent pas dans le quotidien.

Tant qu'on n'aura pas mis « *la peur d'avoir peur* » de côté, on ne pourra pas s'impliquer dans la vie; et l'on n'avancera pas non plus.

La pratique qui semble s'exercer dans ces expériences de groupe, serait justement faite pour que les gens qui n'ont pas eu la chance de s'extérioriser ou qui ont été brimés, réalisent comment ça devient facile de fonctionner, lorsqu'on n'est plus inquiet de son image, lorsqu'on se *fout* du ridicule. La confiance s'installe, forcément.

Remarquez que de comprendre tout ça, n'est pas trop compliqué; ce qui est compliqué, c'est d'avoir l'audace et le courage de chercher à s'embarquer dans de pareilles aventures, et d'être prêt à en assumer l'effort. Une telle hardiesse n'est pas à la portée de tous, pour les raisons que j'ai expliquées plus haut. D'ailleurs, où est l'héroïsme, de nos jours? Faudrait peut-être réécouter Charlebois – *un autre confrère de Rigaud* – qui chantait : « *Entre deux joints, grouille-toi le ... !* »

Certains critiquent justement les expériences de groupe, sans trop les connaître. Ils aiment bien parler à travers leur chapeau – *ou plutôt de nos jours, à travers leur casquette,* prétextant que les gens n'ont pas besoin de se comparer, d'échanger, ou d'apprendre les uns des autres. Ils préféreront plutôt avoir leur propre conseiller, leur propre *psy, leur coach !* En évitant ainsi de se dévoiler en présence des autres, ils se sentent peut-être en sécurité. Mais, est-il certain que les bienfaits que procure le travail individuel du psy, ou du coach, se fassent sentir aussi rapidement que les bienfaits qui résultent de l'implication d'un grand nombre de personnes qui travaillent ensemble? L'addition de tous les résultats de chaque membre du groupe n'aurait-elle pas un impact proche des conseils d'un seul individu ?

Tout ça reste à vérifier bien sûr; mais je ne suis pas prêt à condamner de telles démarches. Les animateurs qui travaillent avec des groupes ont les mêmes préoccupations que les spécialistes en clinique. Dans les deux cas, les responsables veulent amener les gens à croire en eux, à croire en la vie.

Je viens de parler de *l'un* des bénéfices que peut produire cette aventure *particulière*. Il y en a d'autres naturellement. Je pense surtout à toutes les choses exceptionnelles qui se vivent entre les gens du groupe et qu'on ne peut décrire à moins d'être de l'expérience.

Que les curieux, et les grands assoiffés d'échanges humains, *se le tiennent pour dit !*

3ème Point important :

La Tranquille assurance...

Bref, que ce soit par ces sortes de cours ou tout autrement, il faut en arriver à la fin, à installer *la tranquille assurance* en nous. Il nous sera alors facile de mettre le *focus* sur l'essentiel, c'est-à-dire, le beau, le grand, le merveilleux qui doit remplir notre vie quotidienne!

Le secret sera donc d'être capable de parvenir à développer une grande et constante *naïveté* face à tout ce que nous rencontrons sur notre chemin. Une sorte d'assurance paisible *qu'il doit sûrement y avoir une bonne raison cachée derrière chacune des situations plus ou moins discutables auxquelles nous faisons face continuellement*.

Comme si on allait son chemin innocemment avec la certitude que son *«auto est à la porte»*.

Ton auto est à la porte !

Tiens! Vous ne la connaissez pas celle-là ! *« Ton auto est à la porte !»* Elle vient de notre unique et *profond* Bernard. Bernard était un compagnon de travail à l'époque.

Un de ces soirs, Denis, rôdait tout autour de Bernard, en répétant qu'il serait choisi pour faire parti d'un groupe en formation. Comme il revenait souvent à la charge, Bernard lui avait alors servi cette phrase tant mémorable.

Bernard parlait en parabole. *Lui aussi !* Ce n'est que beaucoup plus tard, que Denis, comprit le sens de cette réflexion très songée : *« Ton auto est à la porte ! »*

Quand ta foi est absente, comme chez Denis ce soir-là, tu essaies de te convaincre, tu en parles abondamment : « Je vais être choisi ! Je vais être choisi !» Mais lorsque tu es en pleine confiance, et que tu t'attends à ce que la chose t'arrive, tu n'en parles pas. *Tu sais,* en quelque sorte, que ça va t'arriver.

Bernard voulait donc faire remarquer à Denis que ce dernier d'une part, n'était pas du tout inquiet de son retour chez lui à la fin de la veillée, puisque dehors, son véhicule était là, à l'attendre, *à la porte!* Il n'en parlait donc pas; c'était une chose assurée.

Par contre, d'autre part, pourquoi répétait-il si souvent, qu'il allait être choisi, s'il était si convaincu de l'être?

En somme, nos convictions transpirent de notre personne et, tôt ou tard, finissent par paraître dans notre comportement.

Effectivement, Denis n'était pas assez convaincu, assez confiant. Il n'avait pas *la tranquille assurance. Il n'avait pas la foi !*

D'ailleurs, il ne fut pas choisi pour faire partie du groupe ! Son auto n'était pas « *à la porte* » !

4ème Point important et majeur à la fois :

La Confiance !

Je veux vous raconter une vieille histoire pas très drôle; peut-être même un peu triste.

Comme disait René Lévesque : *''Attendez que je me rappelle !''*

C'est l'histoire d'Arthur, ce bon cultivateur, qui avait semé ses champs, et qui sur son *balcon* se berçait tout en surveillant grandir ses blés! – *Chacun son plaisir !* – Vint à passer le curé, ou le médecin, ou même le *mendiant.* À l'époque, en campagne, tout le monde finissait par passer; surtout le *mendiant attitré !* Ce n'est pas pour rien que beaucoup de gens ont encore dans leur portique, une réplique de ce fameux banc du *quêteur – du quêteux,* disait-on autrefois. Un banc qui s'ouvrait, et dans lequel on y mettait un peu n'importe quoi pendant l'année : des tricots, des vêtements chauds, des chaussures, toutes sortes de choses encore utilisables, afin que ce mendiant ambulant, père de tous les itinérants de ce monde, puisse passer l'hiver au chaud.

– Tu auras une sacrée récolte, lui avait-on dit.

Arthur se berçait, et fumait religieusement sa vieille pipe noircie, tout en hochant la tête.

– Ouais ! Le vent, la grêle, va finir par me coucher ça par terre !

J'ai raconté souvent cette histoire dans mes salles de conférence. Selon moi, c'est ici que les gens auraient dû rire. Mais je n'ai jamais entendu le monde s'esclaffer pour la peine. Voilà pourquoi je dis que ce n'est sans doute pas une histoire très drôle.

Continuons.

Quand vint l'automne, et que les blés se pointèrent, joufflus, dorés, prêts à éclater – *en fait, Arthur eut une récolte épouvantable; il a fallu qu'il engrange chez les voisins, tellement ça débordait. Il dut changer de tracteur deux ou trois fois, pour amortir ses profits! (Comme vous voyez, il m'arrive d'exagérer, à l'occasion, mais très, très peu cependant !)* – quand vint l'automne, dis-je, les gens s'amenèrent et dirent à nouveau :

– Tu l'as eue ta récolte !

Et Arthur de répondre :

– Une récolte de même, ça n'a pas de sacré bon sens ! Ça, va m'assécher ma terre pour de bon, et je ne pourrai plus jamais moissonner quelque chose de bien !

Et, un peu comme tantôt, à peine quelques petits rires forcés dans la salle. Voilà pourquoi j'ajoutais plus avant, que c'était une histoire presque triste !

Le rire, c'est le fruit du contraste : le *gros patapouf* face au *petit maigrichon,* Laurel lunatique face à Hardy réaliste, la facilité d'une course face à l'obstacle inattendu, l'*évidence* de la réussite face au *refus de le voir*, la récolte *normale assurée* face à la *catastrophe improbable* ! Ce contraste éloquent aurait dû être drôle ! Mais, quand on n'a pas la foi, on n'y voit pas les contrastes frappants; on n'y voit rien de comique là-dedans.

Quand est-ce qu'on va croire que quelque chose de beau, de grand, de merveilleux…

Je me répète, bien sûr, puisque c'est là mon *leitmotiv* !

À la suite de cette banale anecdote cependant, il m'était venu à l'esprit, une sorte de *flash* !

Être gêné, timide, tout croche, *genre concombre,* comme j'ai déjà dit, n'est pas nécessairement la seule raison qui empêche les gens d'être heureux. Ne serait-ce pas plutôt, que l'essence même du bonheur devrait se situer nulle part ailleurs que dans la *confiance en la vie?*

Comment se fait-il que ce drôle de cultivateur, sans doute expérimenté, très expérimenté, devrais-je dire, ne soit plus *certain* d'avoir d'autres bonnes récoltes? Lui, qui pourtant, croit que les arbres n'ont pas le choix de verdir au prochain printemps? Il devrait donc savoir que la réussite de sa future récolte fait parti des choses *normales* de la vie?

Dans le fond, quand tu es gêné, timide, frustré, angoissé, naturellement, ce ne sont pas là les bons atouts qui t'aideront à nager vers le bonheur ! Mais ce sont des choses qui peuvent être corrigées.

D'être gêné au point d'attendre sa femme dans l'auto, toute une soirée, alors que la chaufferette ne fonctionne pas, par un froid de loup, tout ça parce qu'on a peur de se retrouver face à des gens, je conviens, que c'est là, une *méchante souffrance inutile!*

D'être orgueilleux au point de tout casser dans la maison pour prouver à sa femme qu'on a raison, c'est aussi une souffrance inutile ! D'être anxieux, nerveux, inquiet, sans sommeil… sont aussi des souffrances, qui n'ont jamais rendu personne heureux, et qui n'ont rien apporté à l'humanité non plus. De toute façon, ce sont toujours des souffrances inutiles. Personne n'est tenu de vivre toute une vie, accablé par de telles entraves. Bien sûr certains cours, certaines thérapies t'aident à te départir de toutes ces afflictions.

Mais, même embarrassé par ces sortes de difficultés, ce ne serait rien comparé au fait de ne pas avoir la foi. *«Là, là,»* ça serait grave ! Là, tu serais vraiment coincé !

Mais les gens ne se rendent pas compte de leur absence d'attitude positive; ils ont les yeux trop rivés sur leurs malheurs, sur leurs maladies, sur leurs souffrances inutiles. Certains ont même tendance à s'en glorifier. Voyez comment c'est devenu presque du snobisme que d'avoir eu des problèmes, que d'avoir été malade ou d'avoir été opéré.

– Moi, j'ai été opéré quatre fois ! J'ai aussi fais *deux* dépressions nerveuses !

Puis, prenant un ton grave, ils ajoutent :

– *Même que je m'en vais vers une troisième !*

En même temps, ça leur donne la justification nécessaire et l'excuse facile pour accepter de ne rien changer. Voyez tous les *« Ah! Si »* ! Ah! Si j'étais riche ! Ah ! Si j'étais instruit, beau, grand, fort !

Tout ça illustre le fait que quelqu'un qui ne veut pas trop se donner la peine, trouve toujours facilement des excuses ! Nous savons par contre que celui qui veut vraiment, trouve les moyens, *lui !*

Et, ça ne veut pas dire d'avoir tous les atouts dans son jeu pour réussir. Richesse, instruction, beauté, ne sont pas absolument des garanties de succès. Vous avez peut-être lu comme moi, que *l'important n'est pas tellement d'avoir un beau jeu, mais de bien jouer celui que l'on a !*

Beaucoup de personnes instruites, beaucoup de belles vedettes, riches, célèbres, se sont même enlevé la vie. Pourtant, elles semblaient avoir tout pour elles : la gloire, l'abondance matérielle…

On a sans doute été trop influencé par la culture de notre voisin, le géant américain.

The Biggest of the World

« Pour être heureux, il vous faut telle maison dans tel domaine… Telle grosse voiture, telle parure ».

Ce sont des masques finalement.

Avec ou sans masques, je persiste à croire que nous devons être en possession continuellement de la *tranquille assurance* dont j'ai parlé plus avant. L'assurance que nous sommes faits pour être heureux.

Pouvons-nous imaginer un Créateur inconséquent qui ne donnerait ce privilège qu'à quelques-uns ? Nous pouvons tous profiter de la vie *au maximum !* Sauf que, pour y arriver, nous devons y croire. Il nous faut la *Foi*, il nous faut la *confiance !*

Non pas la confiance de celui qui veut bien paraître, *du crâneur;* mais celle du petit enfant qui dort à poings fermés, sachant que demain il va manger. Il sait que ses parents vont s'occuper de lui; qu'il aura pour sa fête une bicyclette *jaune et noire*. Et il l'aura ! Alors que ses parents n'en sont pas encore tout à fait persuadés.

Je me souviendrai toujours du bonhomme Boutin que j'avais rencontré un dimanche matin à la porte d'une boulangerie avec une quarantaine de pains dans sa voiturette.

– *Ciel, le père !* Vous en mangez du pain !
– Pas tant que ça ! Je suis seul avec mon épouse ! C'est pour mettre au congélateur ! Ils ont dit à la radio, qu'il y aurait une grève chez les meuniers !

Ça fait 60 ans que le bonhomme mange tous les jours, et voilà que ce matin-là, il perd la foi d'un coup sec !

La vie c'est un peu comme *partir en croisière*. En croisière, on ne pense même pas à demander au capitaine s'il croit nous amener à bon port. Nous n'y pensons pas, nous en sommes convaincus. Pourquoi alors dans la croisière de notre vie, sommes-nous toujours si inquiets ? Pourquoi tant de peur du lendemain dans notre monde actuel? On fait des grèves pour une sécurité éventuelle. On s'achète toutes sortes d'assurances. On se fait tirer aux cartes. On cherche dans les astres... En somme, on oublie de rester le petit enfant qui dort à poings fermés.

Il faut trouver des moyens pour reprendre cette *confiance* qu'on a malheureusement perdue face à tout ce quotidien négatif. Comme l'avait fait le père Boutin, tantôt.

Justement, parlons-en de ce quotidien négatif. Voyez comment les journaux nous étalent les malheurs à pleines pages. Comment la télévision exploite la morosité, les catastrophes. Même les téléromans en sont imprégnés. « C'est quoi le malheur qu'on va nous servir ce soir ? » Le négatif est à la mode. Dites à quelqu'un que vous allez bien, vous ne serez guère intéressant. Racontez vos problèmes, vos malheurs, dans une soirée, vous deviendrez populaire.

Combien pensez-vous qu'il y a de mouvements *d'Aide* au Québec? Des centaines ? Des milliers ? Quasi autant qu'il y a de difficultés : les *gros* mangeurs, les *gros* buveurs, les personnes seules, nerveuses, abusées divorcées, monoparentales, peu battues, très battues... Bref, je ne peux quand même pas tous les nommer !

Il ne faut donc pas se surprendre si nos humoristes font des affaires d'or ! Avec toute cette morosité, cette tristesse envahissante, les gens en sont arrivés *à payer* pour qu'on les fasse rire, tellement ça leur devient lourd de vivre ! Voyez comment certains forfaits d'humour «Trois pour un » se vendent bien !

Avec l'éducation négative que nous avons reçue à la maison, à l'école, et même à l'église pour les plus vieux, nous n'avons pas à être surpris de tant de ravage dans nos esprits.

« Ne touche pas à ça ! Ne fais pas ça! »

Que de sempiternels clichés nous ont suivis : Né pour un p'tit pain! On n'est pas riche, mais on est honnête!

On risque de rester honnête, en le répétant souvent ! On risque de ne jamais être riche non plus!

Essayez vous-mêmes ! Demandez à quelqu'un comment il va... Il vous répondra sans doute : « *Pas mal... Pas si mal... Pas trop mal... Pas pire... Pas si pire !*»

Pas de danger qu'il aille bien ! Les gens en sont rendus là !

Mouais ! Faudrait…

Que faudrait-il faire exactement pour contrer cette attitude négative, cette attitude d'inquiétude et de misère ? Que devrait-on faire pour en arriver à développer l'enthousiasme et la confiance de vivre ?

La réponse, c'est qu'il faille parvenir à installer la certitude que le succès, la réussite, ça se passe d'abord dans *la caboche,* dans la tête, comme disait ma grand-mère !

La réussite, la joie de vivre, *la sécurité,* ne sont nullement garanties par l'accumulation de nombreux biens matériels, ni par des tas de contrats de travail, ni par la permanence, ni même par des polices d'assurance blindées, mur à mur.

Il faut que la réussite, le bonheur, la sécurité de vivre, soit *une sorte d'état d'âme,* une sorte *d'état d'esprit !* Lequel état d'âme devrait être inné en nous; lequel état d'esprit devrait témoigner, affirmer qu'on *est fait* absolument pour le succès, pour la réussite, pour le bonheur; que ça fait partie (et je le redis encore) des choses *normales* de la vie !

Il faut retrouver une fois pour toute, cette attitude positive que le quotidien étouffe trop souvent, cet art d'être bien avec soi et avec les autres comme disait Monsieur Théo Chantrier, à la radio autrefois. Un art de bien vivre avec *soi d'abord*, et avec les autres *ensuite*, se plaisait-il à répéter.

Sûrement que depuis toujours, il ne peut y avoir *trente-six* façons pour atteindre le bonheur. Mais ce qui compte par-dessus tout, c'est de passer à l'action, pour regagner la confiance qui t'habitait quand tu étais tout petit, *lorsque tu dormais à poings fermés, sachant que demain, etc.* L'idée c'est de ne plus s'écouter. Surtout ceux qui ont tendance à rabattre leurs grandes oreilles bien bas devant eux pour mieux s'entendre se plaindre.

Voilà donc pourquoi je me permets de tant insister, sur l'état intérieur qu'il nous faut développer.

5ème Point important :

On est unique !

La confiance s'installe quand je découvre que je suis unique. Ne serait-ce que de m'apercevoir que parmi les milliards d'individus sur la terre, aucun ne possède mes traits de caractère, ni mes empreintes digitales, ni mon ADN, tellement je suis unique, tellement je suis spécial !

Ceux et celles qui ont tendance à se diminuer, face à un plus fort, à un plus beau ou à un plus fortuné, pensez justement au géant américain dont je parlais plus avant, et dites-vous que même chez lui à *Ausable Chasm*, par exemple, si vous vous promenez dans les gorges de l'endroit, là où il fait sombre, là où il y a très peu de terre aride, sinon du roc, vous y verrez, des arbres presque sans feuille, des chicots en train de sécher.

Nous sommes bien loin ici, du fameux « *Biggest of the World !* » Ce n'est même pas comparable aux jolis bouleaux bien touffus du camping de *l'oncle Diogène* à Saint-Félix-de-Kingsley.

Du même coup, cependant, on pourrait croire que ces *semblants* d'arbres sont très loin de la réussite. Alors que les beaux bouleaux de Saint-Félix en sont proches. Détrompons-nous. Ces espèces d'arbrisseaux minuscules, qui n'ont jamais vu la pleine lumière ni le sol engraissé réussiront quand même à croître à travers la pierre de ces cavernes à peine éclairées. N'est-ce pas là une extraordinaire réussite ?

Voilà ! C'est pareil pour l'humain ! Quand serons-nous conscients de nos valeurs et de tout ce que nous pouvons apporter à la vie et à notre entourage ? En dépit de notre petitesse et de nos limites. Avec nos maigres branches, dans un sol pierreux, ou avec notre grand feuillage ombrageant la verdure ! (*Ma foi ! C'est presque du Victor Hugo !*)

Derrière tout ça, cependant, ce qui importe, c'est que nous soyons habités par un *but* quelconque sur cette terre !

Ce serait épouvantable si nous nous réveillions et nous levions par *erre d'aller,* comme je disais, plus avant, en marmottant ce genre de réflexion :

– *Tiens, tiens, regarde donc ça ! Je suis réveillé ce matin !*

Hélas ! Que de gens se lèvent *en traînant* ; puis tournent en rond toute la journée en se plaignant que rien ne se passe dans leur vie, pour se coucher ensuite le soir, insatisfaits d'eux-mêmes. Il ne faut donc pas se surprendre, qu'ils soient difficilement capables de bien dormir. Comment peuvent-ils *roupiller* à poings fermés, en attendant si peu de la vie?

6ème Point important :

C'est quoi ton but ?

Qu'ont-ils fait d'important pendant cette journée, à part avoir été inquiets et avoir ruminé leur situation peu reluisante, presque inutile.

Au contraire, ceux qui sont motivés par un grand but, et qui recherchent la réussite, seront très occupés, et dormiront bien. Et ils savent que pour réaliser leur grand but, relativement éloigné, et pour ne pas se décourager, ils devront passer parfois, par une série de plus petits buts, qui les amèneront finalement à réaliser leur grand but premier.

Ainsi, avant de partir en voyage – *ce qui pourrait être mon but plus éloigné* – je dois préparer mon passeport, mes bagages, réserver mon avion, ma chambre d'hôtel, avertir ma femme – *afin qu'elle ne me cherche pas pendant mon absence !* De petits buts proches, quoi !

Pourquoi en serait-il autrement dans la vie? Avant de penser à être heureux un jour, pourquoi ne pas faire de petites choses immédiatement pour le devenir ?

Et ceux dont je parlais tantôt, qui tournent en rond, en étant préoccupés par leurs malheurs, finiront-ils par comprendre qu'il faille changer leurs *préoccupations* par des *occupations ?* Une personne engagée, occupée, n'a pas le temps de se chercher des *problèmes intérieurs, des bibittes,* comme on dit !

On dit également, que l'enfant *ambitionne de devenir un adulte…* « J'ai capable! » dit-il. Il ne sait peut-être pas conjuguer ses verbes, mais il a en lui le désir d'être déjà *un grand !* Des fois je me demande si en général, l'adulte continue toujours d'ambitionner d'en être un?

Avez-vous déjà observé un enfant qui apprend à marcher ? Il tombe par terre, déboule dans le fond du sous-sol, remonte, pour débouler une autre fois, pleure, mais se relève et recommence à nouveau ! Je n'ai encore jamais rencontré d'enfant qui se soit écrié :

– *Que le diable m'emporte, je ne marche plus!*

Mais non; il se relève et recommence ! Alors ? La force qui était en nous, lorsque nous étions enfants, qui nous forçait à nous relever et recommencer, n'est quand même pas disparue ?

Pourquoi de nos jours les adultes se découragent-ils si facilement ? Pourquoi trouvent-ils à s'excuser continuellement, et à donner à peine l'effort qu'il faut pour ne pas se faire mettre à la porte de leur emploi ?

N'est-ce pas Lincoln qui disait que *les gens sont heureux dans la mesure où ils ont décidé de l'être !*

Je savais très peu de chose sur Lincoln... Je savais que c'était un grand homme, je savais qu'il avait été Président des États-Unis, qu'il avait réussi à faire abolir l'esclavage, bref, c'est à peu près tout ce que je savais de lui. Mais en fouillant, j'ai découvert que cet homme en avait *eu, ras le bol,* comme on dit, plusieurs fois dans sa vie.

Saviez-vous qu'à 31 ans, il entame sa vie publique en faisant faillite ? Qu'à 32 ans, après s'être présenté aux élections législatives, il n'est pas élu ? Que deux ans plus tard, il fait encore faillite ? Que l'année suivante, à 35 ans, il voit mourir sa petite amie? Ce qui le plonge dans une sévère dépression ?

Faillite en affaires, faillite en amour, faillite dans sa vie personnelle !

– Rien ne fonctionne, aurait-il pu se dire. *Je ne joue plus !*

Mais non ! Il recommence. Mais là encore, il mord la poussière à 36 ans, à 43 ans, à 48 ans !

Bien sûr il continue de se faire connaître et d'avancer dans la vie publique; mais il rencontre des échecs épouvantables !

Il manque son coup au sénat sept ans plus tard. Il ne peut réussir non plus à se faire accepter comme vice-président des États-Unis, l'année suivante. Pour être de nouveau battu au sénat, à 58 ans.

Finalement, ce n'est qu'à l'âge de 60 ans, après une trentaine d'années d'effort, parsemées d'au moins une douzaine de refus cuisants, qu'il réussit à se faire élire président des États Unis d'Amérique !

C'est ça qu'il voulait dire, quand il disait que les gens sont heureux dans la mesure où ils ont *décidé de l'être !*

Mais, comme je l'ai dit d'une certaine façon plus avant, les gens cherchent le bonheur dans les astres, dans les trèfles à quatre feuilles… Ils attendent le miracle. Ils ne savent pas que, *lorsqu'il n'y a plus rien à faire, il y a encore quelque chose à faire!*

Comme Lincoln, on peut tous à un certain moment, vivre un genre de découragement. C'est tellement triste *notre cas !* On se sent seul, *délaissé par la vie ! Que l'on fait donc pitié !* On sort alors nos grandes oreilles – *comme je l'ai dit tantôt* – qu'on rabat bien bas, pour mieux s'écouter gémir avec toute l'indulgence et la mansuétude qu'on mérite !

Jusqu'au jour où l'on comprend qu'au lieu de brailler sur son pauvre *sort*, on doit plutôt mettre le focus sur la partie positive de son bilan. Je sais que ce n'est pas toujours facile de voir le beau côté des choses. La tentation de se laisser aller à l'abattement est souvent très forte.

Combien de gens, s'ils avaient été à sa place, se seraient plutôt découragés et auraient laissé tomber? Combien de gens dans le quotidien se traînent les pieds et cherchent un alibi pour ne pas continuer ?

« J'ai mal à la tête, j'ai une charrue à essayer, un bœuf à dompter...» Enfin, je mélange un peu les choses, mais vous connaissez la parabole !

Tout ça pour dire que *quand il faut, il faut !* Si tu es attendu quelque part, et si tu t'es fait couper la tête, alors, *mets-là sous ton bras et amène-toi!* Pour quelqu'un qui *veut vraiment*, il n'y a rien qui ne puisse l'arrêter.

Bien sûr, je ressasse encore les mêmes idées. *Que voulez-vous, dirait Jean Chrétien !* Ce sont toujours mes bonnes vieilles habitudes de professeur qui me reviennent, et qui me rappellent que c'est en répétant continuellement, que le message a de bonne chance de coller.

7ème Point important :

Le monde autour ?

Mouais ! Ça c'est un point dont il faut tenir compte : *L'entourage!*

Effectivement le milieu dans lequel nous vivons nous influence grandement.

C'est comme si l'exemple des autres, additionné à leur attitude quotidienne, et à leurs pensées courantes, finissaient par déteindre d'une certaine façon, pour ensuite nous rejoindre et nous marquer.

Guglielmo Marconi, l'inventeur de la radio sans fil – *certains diront que c'est plutôt Fessenden. En fait, c'est bien Marconi qui envoya le premier, un message unidirectionnel au-delà de l'Atlantique. Fessenden fut le premier à le faire aller-retour* – Peu importe, Marconi, dis-je, explique que nos pensées voyagent un peu comme les ondes. C'est comme si nous avions en chacun de nous un genre de poste émetteur et une sorte de poste récepteur. Nous émettons et nous attirons des ondes.

D'ailleurs qui n'a pas expérimenté la télépathie ? Par exemple, le téléphone se met à sonner au moment même où on s'apprête à appeler quelqu'un; et c'est justement *ce quelqu'un* qui se trouve au bout du fil! *« Hé! J'étais en train de vouloir t'appeler! »* Ou encore, *voilà* que deux ou plusieurs personnes se surprennent à vouloir dire la même chose en même temps! *Ils sont sur les ondes!*

C'est encore plus évident chez le petit enfant dont la pensée n'est pas encore tout à fait autonome. Quand il fait ses premiers pas, mettez-vous plusieurs à le regarder et dites-vous tous : « Il va tomber ! Il va tomber ! » Il risque justement de prendre tout un plongeon !

Vous avez connu tout comme moi, des familles, habituées au chômage et à la misère noire depuis des générations ! Sûrement parce que ces gens-là vivent depuis toujours avec la *conviction* qu'ils ne s'en sortiront jamais. Un peu comme la mère de famille qui est convaincue que son homme ira toujours à la taverne !

Le *pauvre* homme (!) qui n'a pas de volonté, et qui est attiré par la *dive* bouteille, se sent comme *poussé* vers le bistro par les pensées de sa femme ! La dame n'est pas responsable bien sûr; mais elle ne l'aide pas ! Il faudrait qu'elle se fasse des images de son homme s'en venant gentiment *prendre sa cuite* à la maison ! *Une bière ou deux, veux-je dire!*

Pourquoi y a-t-il toujours eu tant de chômage, et tant de maladie chez nous? Parce qu'on a été trop longtemps *assuré* d'en avoir ! On avait de *l'assurance chômage* et de *l'assurance maladie !* Donc, on pensait chômage et on pensait maladie. *L'assurance emploi* et *l'assurance santé* sont deux concepts nouveaux qui commencent à peine à s'installer dans notre pensée.

Nos convictions transpirent de nous; c'est une certaine forme de magnétisme. Il faudra donc surveiller nos pensées désormais. Beaucoup de sages et de philosophes ont avancé que nous *apportons invariablement dans nos vies ce que nous entretenons dans nos pensées!*

Un de mes professeurs disait même : On n'a pas toujours ce que nous *méritons* dans la vie, par contre, plus souvent qu'autrement, *nous récoltons* ce qui *ressemble à nos pensées !* Voilà une réflexion qui cogne fort !

Johann Wolfgang Von Goethe, écrivain dramaturge allemand, est allé plus loin. Il disait qu'il fallait traiter les gens comme *s'ils étaient ce qu'ils « devraient » être,* et qu'ainsi nous les aiderions à devenir ce qu'ils *sont vraiment capables d'être !*

Pour bien comprendre, prenons l'exemple suivant.

Quelqu'un qui aurait l'habitude de toujours traiter ses enfants de petits monstres, d'insubordonnés, et qui, continuellement, en parlerait aux siens :

– *Faut que je te dise ce que mon deuxième m'a fait, le petit sacripant ! Etc.*

Ce quelqu'un, dis-je, finirait, en agissant de cette façon, par les pousser un peu plus à chaque fois, sur le chemin de l'indiscipline, et de la *dissipation !* Alors que, si cette même personne les voyait, les imaginait de plus en plus calmes, réussissant, elle risquerait de les aider à le devenir ! De bonnes ondes rôderaient en quelque sorte dans les parages !

Tout ceci n'est pas magique ni instantané. Mais nous avons connu bien des situations où des parents sont arrivés à des résultats surprenants.

Par contre, ça prend beaucoup plus que *des souhaits* pour attirer des résultats concluants. Ça prend de la conviction ! Trop de gens ne savent pas ce qu'ils veulent ou ne le veulent pas vraiment. Ils n'émettent donc pas grand chose depuis leur petit émetteur personnel, ni n'en attirent davantage.

Les plus âgés, se souviendront de Jean Drapeau. Cet homme convaincu *n'espérait pas* avoir un métro un jour. « *Demain, disait-il, nous creusons !* ».

Il est certain que nous rencontrons des éteignoirs sur notre chemin. Il existe même des espèces de spécialistes capables de trouver facilement la bête noire, quand ce n'est pas la *chiure de mouche* pour essayer de nous décourager.

Que dire de certains journalistes, de la presse écrite, de la radio ou même de la télévision, qui sont habiles pour tout monter en épingle, grâce à leur machine bien rôdée. Ils ne sauront jamais *que le progrès est accompli par ceux qui font les choses et non par ceux qui discutent de quelle manière elles auraient dues être faites !*

Je me souviens de Kathy Kreiner. Une jeune skieuse ontarienne qui a gagné la médaille d'or aux jeux olympiques d'Innsbruck, en 1976. Or, il y avait un titre dans le journal disant : *Les journalistes n'avaient pas cru bon de se déplacer !* Ils s'étaient sans doute dit :

– C'est qui ça, Kathy Kreiner? Je ne la connais pas, je reste couché!

Voilà qu'elle a su gagner la médaille d'or pendant leur absence!

C'est donc très heureux qu'ils ne se soient pas déplacés ! Négatifs comme ils avaient l'habitude de l'être, elle n'aurait peut-être rien gagné. Les ondes de leurs commentaires, du style *« Elle ne l'aura pas ! Elle va tomber ! »* auraient sans doute fini par l'influencer.

Ce fut la même chose face à Sylvie Bernier, à Los Angeles, en 1984.

Un de ces journalistes, semeurs de doute, s'étant amené pour recueillir ses commentaires, essaya de faire allusion à une autre plongeuse qui s'emblait s'approcher dangereusement de son *score*. Sylvie mit alors les écouteurs de son baladeur sur les oreilles et lui cria presque brutalement:

– Je ne veux rien savoir ! Je m'en vais à la médaille d'or !

Et elle y alla !

Qui sont-ils ces critiques, ces pique-assiette, ces prophètes de malheur ? Qu'ont-ils fait d'important, eux ? À part déblatérer, condamner et débâtir les vedettes de chez nous : les Céline Dion, les Jacques Villeneuve, même nos défunts Expos.

Un gros suffisant, bien plus *pollueur* d'ondes que critique artistique, avait dit il y a bien des années de la jeune Céline qui venait de chanter l'hymne national pour la première fois, au stade olympique:

– Elle n'a rien d'impressionnant... À part une petite cascade dans la voix !

Le même gros fat avait d'ailleurs dit d'Andrea Bocelli :

– Il n'ira pas loin avec son *petit filet* de voix !

Heureusement que les Kathy Kreiner et les Sylvie Bernier de ce monde, ont su pratiquer la *visualisation* d'une manière intensive. Ainsi, en se voyant en train de remporter leurs victoires, elles s'aidaient grandement, non seulement à atteindre leur apogée, mais en même temps elles réussissaient à annihiler, à neutraliser les *étouffeurs* de réussites.

Cette sorte de visualisation, de cinéma mental, n'est en somme qu'une application de *l'attitude mentale* dont j'ai parlé au début de cet écrit. Prendre l'attitude d'un gagnant, c'est agir comme un gagnant; c'est poser les gestes d'un gagnant. C'est aussi penser en gagnant. Et à force de répéter, de faire *comme si,* on finit par créer cette nouvelle habitude désirée.

Remarquez que nous aussi, *commun des mortels,* nous avons dans notre quotidien, nos spécialistes éteignoirs, lesquels sont vifs et alertes pour critiquer nos agissements. Nous aurions intérêt, à nous mettre nous aussi des écouteurs sur les oreilles et à continuer notre chemin, afin de ne pas entendre ces *pseudo-aidants* qui veulent nous inonder de leurs peurs, de leurs fantômes, de leurs *pseudo-connaissances !*

Mon père disait dans son langage d'autrefois :
– N'écoute pas les «Ti-Jos connaissant» qui essaient de t'inonder de leurs « Ti-Jos connaissances ! »

Ça voulait tout dire.

Tout ça ne fait que retarder notre succès.

– S'il fallait s'arrêter à tous les chiens qui jappent, disait ma grand-mère... – *je ne me souviens plus trop du reste de sa maxime, n'importe !*

Considérant que nous sommes envahis continuellement par la radio, par la télévision et par les journaux, devenus la vitrine de tant de malheurs et de tant de catastrophes, ça devient alors facile pour notre imagination, *cette folle du logis,* de se mettre en branle, et de créer à chaque agression journalistique, tout un scénario, tout un cinéma mental négatif, susceptible d'être ensuite transposé dans nos propres vies.

Pour mieux comprendre, arrêtons-nous un instant, au fameux domaine de la santé. Il nous sera très facile de voir que, là également, nous subissons une énorme influence par le jeu de la publicité. Nous sommes assaillis continuellement par de multiples annonces de maladies et de médicaments.

Il se vend même de nos jours, des dictionnaires des *symptômes !* Imaginez ! Quand vous ressentez un quelconque malaise, alors, cherchez dans le grand livre et vous découvrirez un éventail de maladies susceptibles de contenir votre malaise parmi les symptômes d'origine.

N'est-ce pas extraordinaire, tout ça ! N'est-ce pas *«beautiful»* !

Bientôt les gens finiront par s'ausculter du matin au soir, à la recherche d'une *belle* maladie. Et quand ils l'auront repérée, tout impressionnés, tout frissonnants, ils se mettront à l'analyser. De là, il leur sera tout à fait facile et normal d'en arriver à entretenir l'inquiétude, et finalement à se faire du *mauvais sang,* comme disait le Docteur Albert. Le fait de bien s'inquiéter, de bien y penser, de bien sentir ainsi les choses, est d'ailleurs le moyen le plus sûr pour attirer davantage tout ce qui ressemble à la fameuse maladie !

Dans cette même ligne de pensée, essayons de comprendre comment il pourrait être dérangeant pour une personne à l'imagination fertile, de se faire dire la bonne aventure, quand ce n'est pas la mauvaise.

– *Tu auras possiblement des problèmes d'estomac,* de dire la voyante.

Et la personne visée, à partir de ce moment, ne saura plus trop comment manger ni quoi manger.

Qu'elle continue justement de ruminer ses inquiétudes – *c'est le cas de le dire* – et je ne serais pas surpris qu'elle finisse par s'attirer toutes sortes de problèmes de digestion. *Et quant à dramatiser, pourquoi ne pas se voir bientôt sur le bord d'une chirurgie?*

8ème Point important :

La Force de la Pensée

Le Docteur Murphy disait *quel que soit l'objet de notre foi,* ça finit par fonctionner ! Croyons profondément que le café nous empêche de dormir, et nous donnerons un ordre à notre subconscient de rester éveillé.

Les pensées que nous entretenons dans notre intérieur donneront, elles aussi, des ordres à notre subconscient, un peu de la même façon.

Quand le message intérieur s'adresse à nous-mêmes, à notre propre personne, on appelle cette forme de pensée, de «*l'autosuggestion*». Vous connaissez le principe; on se répète continuellement une idée et ça finit par s'imprimer en nous.

Si au moins on se répétait toujours de bonnes idées positives, du genre « je suis capable, je suis confiant, je réussis toujours tout, etc.» Hélas, trop souvent, on se marmotte des sornettes, du style de : « Hé! Que je suis donc *imbécile !* » Ou encore : « Je te gage que ça va encore échouer ! »

Remarquez qu'au moins, jusque là, on ne fait que s'adresser à sa propre personne. Même si l'effet est nuisible, ça se passe chez soi, à l'intérieur de soi seulement. Mais il arrive trop souvent que notre message, comme je le soulignais tantôt, sorte, déborde de nous, et essaie en quelque sorte d'influencer les autres. Ça devient alors une forme de *suggestion* directe. Si le tout était exprimé au moyen de paroles encourageantes, ce serait formidable; comme par exemple : « *Vas-y, t'es capable!* » Mais quand ce sont plutôt des remarques désobligeantes, des critiques, des reproches, que nous lançons aux autres, l'effet sera malheureusement fort différent.

Et le tout peut devenir plus subtil encore. Je veux parler de cette forme quelconque de *transmission de pensée, de télépathie,* que certains utilisent presque continuellement.

Nous ne sommes peut-être pas toujours en train de dire à nos enfants qu'ils sont brillants, extraordinaires, ou encore qu'ils sont abrutis, ou idiots ! Mais supposons que cette idée nous trotte dans la tête à peu près tout le temps – *Vous me voyez venir* avec *mes grosses bottines de feutres, brun café, etc.* Hé bien oui ! Nous les aiderions à devenir *formidables* ou au contraire, à devenir *moches. T*oujours selon notre façon de les voir, et toujours selon l'explication de Von Goethe. Souvenez-vous, on en a parlé plus avant.

Ça me rappelle l'histoire de Cléophas et celle de Phonsine par la même occasion. Un exemple tout à fait simpliste, pour illustrer cette influence de la pensée.

Commençons par Cléophas.

C'était *un fainéant, un paresseux,* qui végétait dans son coin. Il ne trouvait pas d'emploi. Par contre, à chaque fois qu'il lui venait le goût de bouger, et qu'il s'approchait du chambranle de la porte pour aller vérifier une «peut-être» possibilité de travail, son épouse, Exidrille, lui criait :

– Tu veux encore aller *perdre ton temps ?* Espèce de dégénéré; reste donc ici. Tu sais bien que tu ne trouveras jamais rien ! Minable !

Et ce fut ainsi pendant des années.

Finalement, un beau jour, Cléophas disparut de la *civilisation !* Ce ne fut pas une trop grosse perte pour le village me direz-vous. J'y reviendrai tantôt.

Il y eut une histoire semblable quelque part ailleurs avec une certaine Phonsine, *la «crasseuse»* d'un autre village…

De temps en temps, on la voyait dévaler la côte pour se rendre aux boutiques du coin – Je *devrais dire, débouler jusqu'aux commerces plus bas, tellement elle était sans forme, toute répandue!* – Une femme à plusieurs étages : un étage de bouclettes, un étage de jaquette, un étage de *vieilles chaussettes.* Elle aussi disparut un jour de son patelin.

Disons, pour abréger, que plusieurs années plus tard, les gens finirent par revoir Cléophas.

– Mais ça bien l'air de Cléophas ! dirent certains.
– Mais, non! Ça ne se peut pas ! ajoutèrent d'autres.
Bien habillé, tout élégant, c'était effectivement notre Cléophas!
– Mais que t'est-il arrivé ? On ne te reconnaît plus !
Et Cléophas de répondre :
– J'ai changé de femme! Ma pauvre Exidrille, *(Dieu ait son âme!)* me voyait continuellement comme un *taré,* un insignifiant; j'avais donc tendance à l'être. Voilà que ma nouvelle épouse, me répète toujours depuis des années que je suis formidable, que je suis capable. Je n'ai presque pas le choix de l'être !

Et ce fut la même chose pour Phonsine.

Quand on la revit, dix ans plus tard, toute bien coiffée, très élégante dans son tailleur fortement sculpté – *je vous fais grâce de mes gestes* – tous se posèrent également des tas de questions. Elle expliqua, elle aussi, comment son bonhomme du temps, la voyait *arriérée*, bonne à rien.

– Ôte-toi donc de là ! Poufiasse ! Tu n'es même pas capable de faire quoi que ce soit ! me disait-il continuellement.
– Il ne me laissait même pas aller répondre à la porte moi-même, tellement il ne me faisait pas confiance ! *(Dieu ait son âme!)*

Mon nouvel époux, n'en finit plus de me complimenter, de me voir extraordinaire. Et je le deviens de plus en plus, presque malgré moi.

Bon ! En conclusion, ça ne veut pas dire d'amener nos maris et nos femmes au trépas pour redevenir quelqu'un ! C'est une anecdote qui *charrie* pas mal, mais qui devrait nous faire réaliser que la façon dont on voit *l'autre* devrait *l'aider,* comme disait Von Goethe, *à devenir ce qu'il ou ce qu'elle est capable d'être.*

Hélas ! Aujourd'hui on ne veut plus se donner cette peine. À la moindre contrariété, on casse tout, on se laisse même. Pas mal moins forçant !

Quand je rapportais tantôt les commentaires des gens qui disaient : « *Ça bien l'air de Cléophas* » ou « *Ça bien l'air de Phonsine* », je me suis souvenu d'une vieille blague du poète-chanteur Georges Langford, du temps où il enseignait quelque part au Nouveau Brunswick.

Un élève lui avait dit en pleine classe :
– *M'sieu!* Je viens de voir passer un *«joual»* dans la cour de l'école!
Et Georges de répondre :
– Mais non ! C'était un *cheval,* mon petit Paul; *un CHE-VAL !*
L'élève s'était mis à réfléchir quelques instants, puis avait reprit *sentencieusement :*
– Pourtant, M'sieu ! Ça m'a va bien l'air d'un *joual !*

Bon ! Revenons *à nos chevaux, à nos moutons,* veux-je dire. C'est bien de voir les autres comme *on voudrait qu'ils soient, pour les aider à devenir ce qu'ils sont capables d'être.* Cependant, dans le même ordre d'idée, il faudrait que nous comprenions que nous avons tout autant nous aussi, la possibilité de *nous voir chacun de nous, capable d'être celui ou celle que nous voulons être* ! Nous n'avons alors qu'à faire notre cinéma mental, pour bien nous voir en train de devenir ce que nous avons choisi d'être.

Les exemples de cinéma mental ou de visualisation, si vous préférez, utilisée chez des tas de gens qui ont connu la réussite, sont trop courants et trop nombreux pour qu'on en rejette l'efficacité. Que d'exemples nous avons vus chez des sportifs, des politiciens, ou des artistes renommés.

Nous avons précisément souligné l'utilisation de cette visualisation chez Sylvie Bernier au chapitre précédent ainsi que les résultats qu'elle en a tirés.

Il est malheureux cependant, comme elle l'avouait lors d'une interview à son retour de Beijing, qu'elle eût à cacher ses livres de *pensée positive* pendant sa participation aux jeux de Los Angeles. Elle ne voulait pas qu'on se moque d'elle, étant *la seule* du groupe à croire à la puissance de la pensée; elle fut également *la seule* du groupe à gagner la médaille d'or ! *C'est bien pour dire !*

9ème Point important :

Le plat de résistance : La vie psychosomatique !

Nous voulons sûrement, chacun de nous, que ça roule bien, non seulement dans notre vie en général, c'est-à-dire dans notre travail, dans notre vie de couple, dans notre vie de famille, mais aussi, nous voulons que ça roule bien à l'intérieur de notre propre personne, dans notre *esprit* et dans notre *carcasse*. Le fait d'être bien dans sa carcasse, d'être bien dans sa peau comme on dit, est forcément un atout majeur. Ça devrait favoriser une certaine libération de joie de vivre et d'enthousiasme, pour mieux se réaliser.

Mais ce bien-être intérieur n'est certes pas facile à installer. Il y a en effet, tout autour de nous, le négatif dont j'ai parlé. Ce négatif qui pourrait à long terme faire des ravages et affecter petit à petit, dans un premier temps, notre attitude mentale, notre état d'esprit. Souvenons-nous de la morosité qui rôde partout et qui nous guette !

On peut facilement comprendre que si notre état d'esprit est ainsi ébranlé et affaibli, ça risquerait dans un deuxième temps, de déteindre et d'avoir des conséquences sur notre carcasse elle-même.

N'est-ce pas Obélix qui disait : « Quand l'appétit va, tout va ! » On peut comprendre aussi que si *ça va à l'intérieur*, l'appétit est au rendez-vous.

Là où je veux en arriver, c'est que l'on doive s'apercevoir à la fin, qu'il y a une forte relation ou interdépendance entre la vie *consciente*, et la vie *inconsciente*. Entre la vie de ce qui est *pensé*, et la vie de ce qui *marche tout seul*. Entre la vie de ce qui vient de l'âme, de l'esprit – *la vie Psychologique* – et la vie de ce qui vient du physique, de la carcasse – *la vie Somatique*.

Voilà pourquoi les hommes de science se servent du terme *psychosomatique* assez régulièrement, pour justement illustrer la relation intime entre ces deux aspects de notre personne : l'aspect *psychique* et l'aspect *somatique* – *ou physique* – c'est la même chose.

Comment ça marche ?

Voilà ! Nous avons au plus profond de notre être, un principe de vie, un *animus*, une sorte de *maître de notre vie intérieure,* qui nous habite et qui nous anime. Cet *animus,* cette force intérieure, d'une part, est toujours bien active d'abord au niveau des opérations de notre esprit conscient. Cette force peut activer notre machine à penser, nous permettant de raisonner, de porter des jugements; elle accompagne donc nos prises de décision.

D'autre part, cette même force intérieure est également tout autant présente quand il s'agit de faire fonctionner l'autre vie, la vie inconsciente de notre être. La partie qui *marche tout seul*.

Elle prend donc soin de ma carcasse. Elle sait fort bien s'occuper de ma digestion, de la circulation de mon sang, de la *«pousse»* de mes cheveux. Cette force intérieure peut même aller jusqu'à favoriser ou nuire à la guérison de mes blessures; selon qu'elle est bien ou mal programmée.

Et bien plus encore, j'irais jusqu'à imaginer que *cette force, cet animus, ce maître de notre vie*, est un peu une partie du *Grand Maître de la vie en général*.

Je ne suis pas le seul à posséder en moi une force qui agit, une force qui fait fonctionner mon esprit. Une force qui fait circuler mon sang ou battre mon cœur.

Vous comme moi, quand nous nous éraflons un doigt, nous voyons *la force intérieure* se mettre en branle pour cicatriser tout ça. Étonnamment, c'est comme si cette puissance magicienne était non seulement présente en moi, mais également en vous, et chez tous, finalement. Puisque le même «petit miracle» s'opère chez tous les êtres éraflés ! Je peux même dire, que cette force intérieure sait même s'arrêter afin que la peau ne pousse pas jusqu'à terre !

Et, pour «pousser» encore plus loin ma pensée, je suis convaincu que cette puissance, qui est en moi, qui est en vous, – *qui est partout, quoi* – et qu'on pourrait appeler *le maître de la vie,* a pour nous tous, une sorte de préoccupation ultime au-delà des nombreux petits agissements physiologiques quotidiens dont je viens de parler, c'est-à-dire : réparation de la carcasse, digestion, circulation du sang, etc. Cette grande force intelligente, cette force merveilleuse dis-je, veut sans doute comme suprême objectif, que nous restions en parfaite santé, bien sûr, mais en même temps que nous devenions tout à fait rayonnant, tout à fait débordant de joie de vivre, et tout à fait bondé d'harmonie.

Pourquoi alors, arrêter d'y croire, arrêter d'y faire confiance ? Pourquoi mettre des bâtons dans les roues à ce *maître de la vie,* en pensant trop souvent à toutes sortes de choses négatives ?

Quand nous nous imbibons de montagnes de problèmes, de malheurs potentiels, de souffrances inutiles, nous finissons par embêter, refréner ce maître de la vie en nous, l'empêchant de faire son travail. Nous ne pensons plus santé, ni harmonie, ni joie de vivre, comme *lui*, le souhaite. Nous parlons plutôt de maladies, de catastrophes hypothétiques, de craintes épouvantables, parfois même jusqu'à faire frissonner notre être tout entier, lui donnant en même temps et d'une manière souvent sournoise l'ordre de sombrer dans le négatif, celui de s'attarder à l'échec, à la maladie, et au déséquilibre.

Une petite parenthèse…

Un jour, je rencontrai un itinérant qui m'expliqua l'existence du *Maître de la vie* de cette façon, très peu *songée*.

Ce *Maître de la vie* qui est en moi, disait-il, se loge aussi en vous, dans les plantes; partout d'ailleurs. Dans chaque merveille de la vie, il y a une force, un petit moteur. Par exemple, celui qui est dans l'arbre, le fait grandir, fait pousser ses feuilles. Ce moteur, est mû par un plus grand, lequel produit la lumière, la pluie, ce qui actionne le petit moteur faiseur de feuilles et d'arbres. Ce dernier moteur est lui-même actionné par un plus gros encore, qui lui, fait tourner les astres. C'est en quelque sorte un moteur *générateur de lumière et de saisons,* mais qui en même temps fait que ces astres se maintiennent bien suspendus dans le cosmos…

Mon personnage continua d'expliquer longuement son allégorie, pour en arriver finalement, à me dire : il faut qu'il y ait à tout prix, une espèce de *moteur géant* quelque part, pour faire fonctionner tout ça ! Lui, il l'appelait *«le full géant moteur !»*

Telle était son explication du genre un peu *bonhomme,* il est vrai, du Grand Maître qui habite partout et en nous; que nous appelons parfois Dieu, Bouddha, Mahomet ou les *Forces de la vie,* toujours selon l'expression favorite de Martin Gray.

La pensée vs la carcasse

J'étais sur le point de dire tantôt qu'on ne doit pas mettre *de «bâtons dans les roues»* à cette force intérieure, en entretenant des idées négatives.

Ce sont effectivement ces idées, ou ces pensées, si vous voulez, qui *finissent par susciter des réactions* dans notre *carcasse*. Si nous n'étions habités que par des idées agréables, ce serait extraordinaire. L'enfant heureux à *l'idée* de pouvoir manger son dessert favori, le bien-aimé qui se réjouit et s'exalte en grimpant chez sa dulcinée, le futur médaillé olympique qui entrevoit la réussite dans les derniers pas de sa course, tous trois, parce qu'ils sont habités par *des idées* ou *des pensées* réjouissantes, favorisent une chimie intérieure qui fait du bien à leur carcasse.

Si tous les gens pouvaient cultiver plus souvent qu'autrement de telles idées motivantes, ils seraient assurés d'être transportés par une très bonne adrénaline, génératrice de santé mentale et physique.

Mais trop souvent, malheureusement, les gens se nourrissent plutôt de pensées négatives.

Essayez d'imaginer comment ça peut devenir néfaste pour une personne *sensible*, facilement *impressionnable,* de se gaver à longueur d'année, de malheurs, de problèmes, soit en lisant les journaux, soit en écoutant la radio ou en regardant la télévision!

Il est certain que cette situation, où on se laisse agresser par le négatif, peut finir par susciter un bouleversement de l'état d'âme, voire de l'équilibre dans notre santé physique, comme on l'a souligné plus haut.

Se faire du mauvais sang !

Et si, en plus de se nourrir de tous les malheurs des autres à même notre merveilleuse télévision, ces mêmes personnes s'alimentaient également de leurs propres poisons intérieurs ? Je parle des poisons que certaines gens ont souvent tendance à traîner des années durant, comme *la non-acceptation, la frustration constante, la rancune, la haine, ou même les idées de vengeance.*

Est-ce que tout ceci ne pourrait-il pas finir par déranger leur bel équilibre intérieur? Leur *stase* émotive? Nous y reviendrons.

Par contre, tantôt, j'affirmais que la force intérieure s'occupait en quelque sorte de ma digestion, de la circulation de mon sang et de toutes les autres activités inscrites à l'intérieur de ma personne.

J'imagine que vous ne croyez quand même pas qu'on puisse à coups de volonté, à coups de *conscient,* donner un ordre à cette force intérieure, pour qu'elle se mette à accélérer brusquement notre circulation sanguine, ou qu'elle hâte par exemple, la digestion de notre dernier repas? *« Allez! La puissance intérieure, grouille-toi ! Je veux que ma digestion se fasse plus vite ce soir ! »*

Sûrement pas !

Par contre, essayons d'imaginer une toute autre situation.

Supposons que nous soyons sur un bateau en détresse, tout près de couler, et que nous ne sachions pas nager ! *La pensée* de périr en tombant à l'eau ne pourrait-elle pas alors faire battre notre cœur *à tout rompre* et faire en sorte que nous devenions tout à coup inondés *de sueur ?*

De même, la vue d'un bon morceau de chocolat, d'un bon steak ou d'un bon verre de vin sur la table ne pourrait-elle pas tout aussi facilement faire naître en nous la pensée ou *l'idée - toujours le même raisonnement -* d'un bon régal, d'un bon *snack* à notre portée pour bientôt ? Ce qui mettrait en branle les mécanismes et la chimie de la salivation : nos bâtonnets olfactifs se mettraient à frémir, nos papilles gustatives s'exciteraient et nos glandes salivaires s'ébranleraient !

Par contre, si nous nous placions dans une situation où il n'y aurait pas de naufrage en vue, ni de chocolat, ni de bon steak sur la table, nous n'aurions plus ces réactions particulières au niveau de notre carcasse; pas de sueur abondante, pas de cœur qui s'emballe, pas de salivation.

Vous aurez alors compris que c'est la pensée, le concept, *l'idée* du chocolat, du vin ou de la noyade, qui aura provoqué spontanément les réactions décrites plus avant.

Essayez d'imaginer maintenant, quels genres de réactions pourraient provoquer en nous, les *idées de non-acceptation, de haine, de rancune, de vengeance,* comme je le disais plus haut, si continuellement, des années durant, nous les entretenions dans nos tripes. Nous n'aurions sûrement pas plus de salive dans la bouche, ni de circulation sanguine plus rapide; mais il est clair qu'à la longue, nous pourrions être envahis par une drôle de chimie, tout à fait sournoise et malsaine, que beaucoup de gens ont traduite, d'une manière tout à fait appropriée, par l'expression – *je me répète encore une fois* – « *se faire du mauvais sang* »

D'ailleurs, nombre de dermatologues nous parlent souvent de certaines réactions cutanées qui seraient dues surtout *à la non-acceptation* d'une situation par exemple, ou à d'autres ressentiments entretenus sans relâche.

Le docteur Albert, aimait jouer avec les mots. Dans le mot *maladie*, disait-il, il y a le mot «*mal*» et le son « *di* » du verbe *dire*. À force de parler de *maladie* on *dit* du *mal*, on parle du mal et on implante le mal en soi.

C'est à se demander si le cancer ne serait pas quelques fois une manifestation 'extrême' des réactions intérieures provoquées par ces *pensées toxiques, par ces ressentiments* que nous entretenons des années durant.

10ème Point Majeur :

La drôle de façon de penser !?

Je comprends pourquoi saint François, dans une prière connue, nous invite à mettre l'harmonie, là où il y a la discorde; à mettre le pardon, là où il y a l'erreur; à mettre l'amour là où il y a la haine...

Au collège, on nous avait enseigné cette même philosophie que l'on retrouve dans la fameuse prière. Plus tard, au contact de certains écrits de l'Institut Jean XXIII, j'y ai rencontré le même discours. *L'acceptation, le pardon, l'amour...*

Ça se passe comment ?

Dans notre quotidien, nous avons à brasser continuellement des tas d'images. Ces images sont créées à partir des situations, *belles ou moins belles*, que nous vivons. Nous les emmagasinons alors dans notre esprit, dans notre mémoire. À l'aide de notre machine à penser, nous transformons ces images en *concepts, en idées...* Notre imagination les déforme, les rend plus ou moins attrayantes : « Ah! Comme ce serait *plaisant* si...» ou encore plus ou moins effroyables : « *S'il fallait que* ça m'arrive...»

Viendra alors le raisonnement qui nous soumettra toutes sortes de propositions, toutes sortes de scénarios. Et, selon que nous avons une attitude optimiste ou pessimiste, nous aurons le désir, ou la peur de passer à l'action. Je simplifie, bien sûr.

Voilà pourquoi il est important de faire du ménage dans nos pensées, et de favoriser celles qui pourraient nous être profitables.

Si quelqu'un vivait d'orgueil, par exemple, à un point tel qu'il se pensait être *le seul responsable* de tout ce que la vie lui apporte; c'est à dire la vue, la santé et tous les autres cadeaux, il ne serait pas loin d'offenser le *Grand Maître de la Vie*, le *géant moteur*, ce grand prodigue, ce grand dispensateur des dons et des bienfaits.

Si nous ne sommes pas capables de reconnaître que nous sommes *chanceux, choyés par la vie,* de tout ce qu'elle nous apporte, nous sommes presque certains de refreiner ce *Grand Responsable de tous les bienfaits;* justement à cause de cette attitude de grande suffisance. Que de telles personnes ne s'attendent pas à recevoir énormément de la vie ! Comment peut-il en être autrement !

Aimeriez-vous donner à un ingrat, à quelqu'un qui n'apprécie pas vos cadeaux, ou qui ne veut pas les voir ?

Dans la même ligne de pensée, aimeriez-vous combler quelqu'un qui *maugrée* tout le temps? C'est pourtant ce que beaucoup de gens font ! Ils se lèvent en grognant, en maudissant les évènements, la température. Pourtant, ils sont souvent de ceux qui peuvent se laver à l'eau chaude, prendre un énorme déjeuner, en oubliant qu'une grande partie du globe crève de faim ! Qu'ont-ils fait de spécial pour naître dans cette partie du monde, qui respire l'abondance, loin des guerres, loin des tsunamis ?

D'autres, trouveront l'occasion de faire des colères, des crises de rancune. « Il ne l'emportera pas en paradis ! Il aura *un chien de ma chienne !* » Pendant qu'ils s'excitent et qu'ils tremblent de colère, ils ne distillent pas de salive dans leur bouche, comme le faisait le petit enfant, à l'idée du chocolat ou du *Burger King !* En remâchant leurs pensées haineuses, ils finiront par déclencher une chimie perfide, cachée quelque part dans leurs tripes, capable de déranger inexorablement leur système intérieur.

Est-ce que quelqu'un peut avoir une santé assez forte pour ne pas être affecté vivement par de tels poisons ? Ne soyons pas surpris de voir tant de gens malades de nos jours. Vérifions qu'elles sont leurs *humeurs profondes,* comme le laissait entendre *Molière.* Par quels sentiments sont-ils habités ?

Aussi longtemps que mon idée reste au niveau de mon imagination, je puis toujours finir par la contrôler ou m'en départir. Mais quand elle réussit à s'infiltrer pour m'habiter fortement, et faire partie de tout mon être, elle peut alors faire des ravages. Quand c'est *senti,* comme le définit bien le mot *sentiment,* je dois m'attendre à une réaction profonde.

Imaginez quelqu'un qui perdrait une jambe, ou un œil ! *« Que me veut-il, Lui, là-haut? »* pourrait-il s'écrier. Et s'il se mettait à ajouter du désespoir, de la *non-acceptation*, de la *rancune* à cette situation malencontreuse, il permettrait sûrement à la chimie intérieure ravageuse de se réveiller.

Pourquoi faut-il attendre de perdre un membre ou la vue, pour réaliser comment on était privilégié avant ce grand malheur ?

Si cette personne s'était habituée à apprécier et à remercier pour les dons que la vie lui procure, elle n'aurait sans doute pas eu à encaisser de tels malheurs. La douce chimie cultivée chez une personne qui se sent comblée s'associe plus facilement aux vibrations de *l'Infini*, du Maître de la vie. Cette personne se donne plus de chance d'être à *Son* diapason et d'être proche de *Ses* bontés. Quand tu apprécies, quand tu te mets dans l'état de quelqu'un qui est gratifié, qui est comblé, tu hâtes le processus de la gratification. C'est un cinéma mental puissant, une autosuggestion des plus fortes : mentalement, tu te vois *déjà* en possession de ce que tu souhaites. Tu le *vis* à l'avance. Tu le *sens... comme si.*

Justement, ne nous a-t-on pas appris quelque part que *lorsque nous demandons une chose quelconque à notre Père céleste, de faire comme si nous l'avions déjà reçue !* C'est comme si tu disais merci tout de suite pour ce qui s'en vient. Tu accélères et attires ce *devenir*. Tel est, selon moi, le sens premier de l'appréciation et de tout ce qu'elle peut rapporter.

Ce procédé, est tout aussi proche de celui des Bouddhistes qui proposent le « Souviens-toi ! » Un peu de la même façon, l'adepte bouddhiste se met dans la situation de celui qui se souvient *maintenant* de ce qu'il va réussir ou obtenir *tantôt !* Il pratique la mémoire du *déjà vécu*. Phénomène bien différent cependant de celui que l'on connaît en psychologie, puisque cette fois, c'est un *déjà vécu commandé* et *conscient*. Cette autre façon de se voir e*n train de réussir* garantit également l'obtention de son désir.

Emmet Fox a lui aussi expliqué cette méthode par l'exercice de *l'Équivalence Mentale*. Toujours la même idée : ce que tu entretiens dans ton intérieur, à l'aide de ta pensée, de tes sentiments, de tes croyances fortes et réelles, *finit par s'actualiser* dans ton vécu quotidien.

Tous les penseurs américains partisans de cette manière d'attirer le succès l'ont expérimentée de plusieurs façons. La dernière méthode qu'ils font circuler actuellement, s'appellerait « *The Secret* ». Un secret très peu gardé, puisque c'est une autre façon de démontrer que notre esprit, possède la propriété d'un aimant, qui attire de la vie ce que l'on veut obtenir, à la condition de savoir ce que l'on veut, et de le vouloir vraiment.

Nous retrouverons ce *modus operandi* chez la plupart des motivateurs américains, de même que chez plusieurs disciples des *Christian Sciences* du siècle dernier. Il suffit de lire *Norman Vincent Peale, Joseph Murphy, Zig Ziglar, Napoléon Hill, Clément Stone, Og Mandino*... et tant d'autres.

Et ce qui est spectaculaire à travers toutes les approches de vie, dont nous parlons depuis tantôt, c'est qu'en fait, *ça finit par fonctionner !*

Mais ne perdons pas de vue, qu'au de-là de toutes ces façons d'attirer le succès, la santé, l'abondance, il reste qu'une approche comme celle qu'on attribue à saint François, en plus de générer la réussite dans nos vies, serait susceptible de faire disparaître plus facilement tous les *crocs en jambe* que l'on pourrait donner au Maître de la vie, à chaque fois que nous nous laissons aller au doute, à la peur, à la discorde, à la haine, à la rancune. Puisqu'on remplacerait à ce moment-là tous ces irritants, tous ces poisons, par de nobles sentiments, par de l'appréciation !

Toujours en appliquant la méthode simple, formulée plus haut. Celle où les gens apprennent à se voir déjà heureux, déjà en santé, déjà pleins de succès et de félicité. Avec la conséquence qu'ils en arrivent à attirer systématiquement tout ça.

Encore une fois, c'est appliquer l'attitude mentale positive; on fait *comme si,* on pense *comme si,* on finit par *agir comme si.* Certains auteurs vont jusqu'à parler de *magie*, devant les résultats surprenants, inexpliqués, d'une telle attitude mentale.

Choisissons...

Autant on peut se rendre malade par nos pensées, autant on peut se garder en santé.

Notre carcasse est fragile.

Par exemple, si je me laissais aller à faire devant vous la démonstration des nombreuses façons qu'il existe, de mordre dans un pamplemousse, ou mieux dans un citron – *gestes et bruits à l'appui* – je finirais par vous faire grimacer. Ce ne serait pas le fruit qui vous ferait frémir, puisque réellement je n'en aurais pas, et vous n'en verriez aucun. Mais ce serait plutôt *l'idée* du *citron,* le concept *citron* avec tout l'aspect *amer, acide, âcre et suret* de ce fruit !

C'est donc de cette même façon que les *idées* de malheurs, de problèmes, de mauvais ressentiments, vont permettre à votre carcasse d'être ébranlée. Vos grimaces et vos frissons ne seront pas tout aussi apparents qu'en face du citron imaginaire, tout dégoulinant ; mais quelque chose ressemblant à *cette chimie du mauvais sang* pourra s'immiscer en vous, d'une manière *tranquille et hypocrite,* pour marquer petit à petit vos humeurs profondes, et ensuite votre carcasse.

Je crois qu'il faudrait porter attention à ce genre de chimie.

Ça peut faire sourire certains hommes de science qui ne veulent pas trop accorder de valeur scientifique à ce phénomène, mais dans les faits, nous y avons vu d'innombrables aboutissements, autant spectaculaires que difficiles à expliquer.

Pourquoi ces praticiens donnent-ils toute l'attention et toute l'importance aux désordres et aux pathologies, plutôt qu'au recouvrement de la santé ou qu'au maintien de l'équilibre dans notre carcasse ?

Bref, pour en arriver là, je sais qu'il faudra bien sûr changer notre façon de voir et d'agir. Au lieu de continuer de suivre le courant de la facilité, en nourrissant notre être de tout ce qu'il y a de moins beau, de tordu autour de nous, nous aurons alors à décider de changer ces logiciels négatifs par d'autres plus constructifs, plus positifs et surtout plus *enthousiasmants !*

N'oublions pas que le mot *enthousiasme* contient le mot grec « *théos* » *(Dieu)*. Quelque soit notre interprétation de Dieu, ça devrait correspondre précisément à *cette grande Puissance,* qu'on peut aussi appeler le *Grand Dispensateur des bienfaits.*

C'est donc pour nous, comme une sorte d'invitation *à embarquer dans* le grand *Plan Cosmique :* être enthousiaste, c'est être «*en théos»,* en Dieu, en quelque sorte. Nous rejoignons donc ici l'état d'âme proposé plus avant quand nous suggérions *d'apprécier,* nous mettant ainsi au diapason du *Généreux Responsable de la prospérité.*

Voilà donc, l'application de cette « drôle » de façon de penser proposée au début du bouquin !

Addenda :

Peut-on être heureux seul?

« *Mouais !* » Même si ça tourne rond dans ta tête et dans tes tripes, tu ne pourras pas être tout à fait bien, si tu ne réussis pas à l'être avec les autres… Souvenez-vous de la devise de M. Chantrier : *l'art d'être bien avec soi et avec les autres.*

« Avec soi d'abord », disions-nous. On en a parlé jusqu'à maintenant. « Et avec les autres» ajoutait-il.

J'aimerais jeter un petit coup d'œil sur ce dernier aspect.

Je suis convaincu que chacun réalise qu'on ne peut pas effectivement être tout à fait heureux seul.

Nous sommes issus d'une famille, d'une société, ou encore nous vivons en couple. Bref! Il nous faut continuellement composer avec les autres. Ça peut être facile si nous nous sentons attirés, acceptés, comme ça peut être plus difficile si les atomes crochus ne sont pas au rendez-vous. Mais il reste que tous, nous avons besoin d'être aimés, d'être considérés, d'être importants.

Faudrait alors réaliser que les autres ont aussi cette préoccupation, pour ne pas dire ce besoin.

Une bonne façon d'en arriver à s'accepter les uns les autres, consiste à essayer de voir chez l'autre le beau côté de sa personne plutôt que son côté moins attirant. En d'autres mots, il faut voir davantage les qualités des gens plus que leurs défauts.

Si tu ne vois que leurs faiblesses, tu ne pourras jamais les trouver sympathiques. Malheureusement, on accorde beaucoup d'importance à ce qui ne va pas chez quelqu'un. Dans les *interviews,* on entend trop souvent ce genre de question : « C'est quoi ton plus grand défaut ? » On devrait penser qu'à chaque fois qu'on souligne un défaut, on pense défaut, et on donne de l'importance à quelque chose d'indésirable, de négatif. On n'avance pas dans la construction d'une personne en mettant le *focus* sur ce qui ne va pas.

Alors que si on parlait qualité, on penserait estime, on penserait admiration.

Même si les qualités que l'on souligne ne sont pas au maximum, au moins on se met sur le chemin du devenir meilleur.

Tout ça pourrait commencer dans notre entourage, avec les amis, avec la famille surtout.

« Ma mère? Elle n'a pas de qualités! » *Ben non!* Une mère qui a eu des tas d'enfants à élever, à *morigéner* comme disait Molière, n'a sûrement pas de qualités !

Pas facile de le reconnaître ! Pourtant, quand on s'habitue à *regarder* le beau côté des gens, on oublie plus facilement ce qui ne va pas, ce qui nous tombe sur *les nerfs !* Même si les gens n'ont pas toujours l'art d'attirer la sympathie, il faut quand même avouer qu'ils détiennent nécessairement quelques valeurs !

Peut être que le sentiment d'importance, qui est inscrit profondément en chacun de nous, nous empêche très souvent d'accorder aux autres le regard et la considération qu'ils méritent, trop préoccupés que nous sommes par ce besoin d'être le *roi* ou la *reine* de la place!

Est-ce qu'en se donnant une trop grande importance on en arriverait à ne plus vouloir en accorder une aux autres ? Surtout si on leur *beurre la face,* comme on dit, si on en met trop. Au lieu d'attirer leur sympathie, on pourrait finir par les indisposer. Eux aussi ont ce besoin d'être importants; il faut s'en souvenir. En essayant de leur montrer qu'on « *l'a, l'affaire* », on est presque assuré d'être le fautif en quelque part. Et souvent les gens seront tentés alors de vouloir nous diminuer.

Quelqu'un peut se souvenir très facilement de celui qui a réussi à le faire mal paraître un jour devant ses semblables.

« *Lui, là...* »

Il y a justement une maxime qui nous rappelle cette idée: *C'est déjà avoir tord que d'avoir trop raison !*

L'être humain est ainsi fait.

Épilogue

Finalement, j'ai beau retourner les manières de vivre sa vie, sous tous les angles, je réalise qu'on ne peut pas échapper aux vraies «choses» !

Que l'on fasse son propre cheminement, que l'on passe par des tas d'expériences, on devrait finir par arriver à la même conclusion : Il ne peut y avoir *plusieurs* vérités, quand il s'agit de vivre sa vie. Il y en a *une,* en fait. *Celle* avancée par la plupart des grands philosophes et des grands penseurs; celle que presque tous les travailleurs des sciences humaines nous proposent un peu partout; celle également dont je vous ai parlé dans ce petit livre : *celle* de penser positivement, *celle* de Croire !

Croire veut dire *croire en la vie, croire en soi !* L'appréciation, deviendra par la suite, une sorte de manifestation spontanée de cette croyance, de cette foi en la vie !

Bref ! Tout le beau *plan de match* que l'on nous propose depuis toujours et qui veut nous amener à mordre au plus vite et *à pleines dents* dans cette merveilleuse vie, a toujours été basé sur cette foi en la vie, sur *la foi tout court* d'ailleurs !

Ainsi, pendant plus de trente ans, j'ai soutenu ce genre de réflexions dans mes salles d'animation. Pendant plus de trente ans je me suis entendu *me* les servir également.

Aujourd'hui, vingt ans plus tard, je suis toujours imprégné de cette « drôle » de façon de penser. Je ne puis dire précisément d'où me viennent toutes mes croyances quant à ces *règles de vie.*

De mon éducation ? De mes études ? Du message positif véhiculé pendant mes années de travail ? Bref ! De tout cela à la fois.

Après avoir passé toute une vie à trouver des solutions aux difficultés que rencontrent les humains, il est forcément normal de ne plus douter du positif de la vie, et de sa splendeur.

En général, il nous est toujours possible de piger un quelconque enseignement de tout ce qui se dégage des apprentissages et des expériences de vie des autres; mais quand on l'a vraiment vécu soi-même, on finit par saisir tout à fait. Une situation de vie marque plus qu'un discours.

Voilà donc pourquoi je me réjouis, je *m'esbaudis*, comme disait, je ne sais plus qui, de voir qu'il existe toujours des expériences où l'on ne fait pas que dire les choses, mais où l'on permet aux adeptes de les pratiquer !

J'ai hésité longtemps avant de me lancer dans le dévoilement de ce message. Je me suis dit finalement, que ça pouvait aider ceux qui ne pourront peut-être jamais se payer des expériences de groupe où on peut découvrir ce merveilleux mode de vie.

Pourquoi pas un deuxième épilogue ?

L'être humain a souvent peur du succès chez nous. On a été habitué à composer avec un système où les gens *doués* sont souvent mis de côté. À l'école, si tu termines trop rapidement ton travail, on t'enverra parfois perdre ton temps dans le corridor en attendant que ceux qui sont plus lents, puissent le terminer. Par contre, plusieurs spécialistes s'occuperont de toi si tu as des difficultés majeures.

Les professeurs d'aujourd'hui brûlent leurs énergies à s'occuper surtout des *traîneux, des caractériels,* sacrifiant d'autres élèves remplis de talents.

C'est aussi rendu comme ça dans la société. Souvenons-nous de cet exemple frappant, d'il y a quelques années, quand le club de *Hockey Canadien* était devenu très fort, quasiment imbattable. On trouva alors un moyen pour l'empêcher d'être encore meilleur, en le forçant à ne plus repêcher les bons joueurs – les bons *«houweurs»* dirait Michel Bergeron.

Il est pas mal plus facile de rejoindre l'efficacité d'une équipe en abaissant le rendement de celle-ci, plutôt que d'essayer de devenir aussi bon qu'elle ! On préfère le nivellement par le bas, en sacrifiant l'excellence !

Notre éducation nous invite à bouder l'élite, à snober le succès. Il faudra donc se battre *continuellement* pour contrer cet esprit de facilité.

Je pense toujours à *Jonathan Livingstone « Le Goéland »* de Richard Bach; lui, que les siens méprisaient parce qu'il voulait voler toujours *plus haut,* plutôt que de s'en tenir à picorer les vidanges autour des restaurants.

Nous aurons donc à faire face à une société laxiste où tout doit être facile, sans conséquence. Nous aurons à composer avec ce genre de société où la masse doit être souveraine. On ne voudra plus compter sur soi; on attendra tout du bon *gouvernement.* En voulant toujours s'en remettre aux autres plutôt qu'à eux-mêmes, les gens trouveront plus d'espace pour critiquer par la suite.

Cette façon proposée, de voir la vie *avec confiance,* restera toujours quelque chose d'inhabituel chez beaucoup trop de gens. Certains continueront de chercher les réponses dans des valeurs factices, dans le matériel; alors que tout doit se passer bien plus dans l'attitude, dans l'état d'âme, dans l'état d'esprit de chacun.

Ce n'est pas parce qu'un homme est au haut de l'échelle sociale qu'il développe tout à coup une attitude de gagnant et qu'il devient bon. C'est plutôt parce qu'il était bon et possédait la bonne attitude au départ, qu'il en est arrivé à monter les marches de la hiérarchie sociale et de la réussite.

La question qui tue...

La question qui tue sera donc : « Pour être heureux, doit-on toujours s'en remettre aux autres? Ou doit-on plutôt compter sur soi? »

Vous devinez ma réponse, bien sûr. Vous connaissez aussi le moyen que je privilégie pour y arriver : la pratique assidue d'une bonne attitude mentale et d'une continuelle *pensée positive.*

Avec la persévérance, nous relèverons le défi. Ce sera la garantie pour chacun d'être fier de soi.

Table des matières

Change tes Pensées ! 5
André Daigle, B.A., B.P., L.P.L., (U. de M.) 7

Préface 9

Première Partie...11
   C'était il y a très longtemps..11
   Toute une acquisition !..14
   Adieu ! Veaux, vaches... Cochons !..................................16
   Mes jeunes sœurs...18
   Amis, partons sans bruit !..21
   Amis ! Partons tout court !...23
   Amis ! Partons sans bruit ! Encore ? Décidément, va falloir se brancher !......24
   En voulez-vous des coïncidences ? 28
   Coup de tonnerre !...30

Deuxième Partie..33
   Que diable venait-il faire dans ma galère ? 33
   L'ambiance, la chaleur ! Mon œil !......................................36
   On va « écornifler » !..37

   1er point important :..38
      Plutôt Croire que douter !...38
      C'est beaucoup plus facile de douter que de croire !..39
      Pourtant… diantre !..39

   2ème Point important :...41
      Donner son 100%...41
      Petit « a parte » :..44

   3ème Point important :...47
      La Tranquille assurance...47
      Ton auto est à la porte !..47

   4ème Point important et majeur à la fois :...........................48
      La Confiance !..48
      The Biggest of the World 52
      Mouais ! Faudrait..54

5ème Point important : 55
    On est unique ! 55

6ème Point important : 57
    C'est quoi ton but ? 57

7ème Point important : 60
    Le monde autour ? 60

8ème Point important : 66
    La Force de la Pensée 66

9ème Point important : 70
    Le plat de résistance : La vie psychosomatique ! 70
    Comment ça marche ? 71
    Une petite parenthèse… 73
    La pensée vs la carcasse 74
    Se faire du mauvais sang ! 75

10ème Point Majeur : 77
    La drôle de façon de penser !? 77
    Ça se passe comment ? 77
    Choisissons… 81

Addenda : 82
    Peut-on être heureux seul? 82

Épilogue 85

Pourquoi pas un deuxième épilogue ? 87

La question qui tue… 88

www.ingramcontent.com/pod-product-compliance
Lightning Source LLC
Chambersburg PA
CBHW072010090426
42734CB00033B/2412